UNE AUTRE ÉCOLE EST POSSIBLE !

Déconstruire l'institution pour se libérer des oppressions

(sexisme, racisme, classisme)

Conseil éditorial : Louise Giovannangeli
Correction : Audrey Peuportier
Design de couverture : Antartik
Design maquette intérieure : Antartik
Mise en page : Fabrice Del Rio Ruiz

10, place des Cinq-Martyrs-du-Lycée-Buffon
75015 Paris — France
ISBN : 979-10-285-2553-8

Yuna Visentin

Postface de Louise Giovannangeli

UNE AUTRE ÉCOLE EST POSSIBLE !

Déconstruire l'institution pour se libérer des oppressions

(sexisme, racisme, classisme)

LEDUC
société

À mes enfants

SOMMAIRE

Introduction

Encore un livre sur l'école ?

Je suis enseignante et pourtant j'ai toujours été mal à l'aise avec l'Éducation nationale ; si mal à l'aise que je ne me retrouve même pas dans les critiques traditionnelles qu'on lui adresse.

Certaines sont faciles à écarter, et quand elles ne nous font pas pleurer, elles prêtent presque à rire : je pense notamment aux palabres nostalgiques des réactionnaires arc-boutés sur leurs privilèges. Pour elleux, l'école, c'est toujours la décadence, à la fois académique et morale : l'orthographe est en crise, les élèves ne s'émeuvent plus quand iels entraperçoivent trois lettres grecques, iels s'inquiètent d'ailleurs davantage de la disparition des espèces animales que de l'abandon horrifiant de l'emploi du subjonctif imparfait, rechignent à retirer leur couvre-chef en arrivant en classe, demandent du *halal* et des menus végétariens à la cantine, se mettent à parler de féminisme, d'hétéronormativité et d'antiracisme, se plaignent qu'on étudie seulement des hommes blancs au nom de tous les redoutables outils idéologiques venus tout droit des campus américains, dont l'intersectionnalité, dernier en date, et qui serait le véritable cheval de Troie en passe de détruire la sacro-sainte culture française. La liste des griefs pourrait continuer à l'infini, elle est aussi longue qu'est bien courte la réponse que ces réactionnaires méritent : quoi que vous fassiez, nous abolirons vos privilèges.

À l'inverse – mais en fait, pas tant que ça –, certain·e·s déplorent le formatage dont l'école se rend responsable, le fait qu'elle s'adapte difficilement aux réalités individuelles, et ne stimule pas assez la créativité des enfants ; un discours séduisant, que beaucoup de parents ont pu ressentir (moi y comprise). Parce que c'est vrai que le terme *alternatif* donne envie, surtout quand on est pris·e dans la pesanteur de l'Éducation nationale. « Alternatif », ça rappelle presque « altermondialiste », et ça nous donne l'impression, surtout quand on a les moyens financiers, qu'on peut reconquérir le pouvoir de choisir ce qui est bon pour nos enfants. Et pourtant, opter pour l'école alternative, ça n'implique pas seulement de faire un pas de côté par rapport à la norme : car ce pas de côté, il n'est pas à la portée de tout le monde ; non pas parce que les autres familles seraient plus conformistes et auraient moins à cœur l'épanouissement scolaire de leurs enfants, mais parce que, dans nos sociétés néolibérales, être alternatif·ve est un privilège. En outre, et c'est assez spécifique à la France, les pédagogies alternatives se réduisent souvent chez nous à de nouveaux moyens de stimuler l'adaptabilité de l'élève afin de le·la former à devenir l'autoentrepreneur·se de demain, davantage libre d'entreprendre que de transgresser l'ordre social.

L'empiètement de l'entreprise sur l'école n'est que la pointe d'iceberg d'un processus plus large : la casse du service public propre à la politique néolibérale. Et pour l'école, ça signifie moins de moyens et plus de mépris de la part des gouvernements successifs. D'où la nécessité de la troisième « grande » critique, portée aujourd'hui par la gauche réformiste et beaucoup d'enseignant·e·s, lassé·e·s que l'école soit attaquée. Voilà un combat ultra-essentiel, mais souvent décourageant dans une société où, comme le dit la célèbre formule, « il est plus facile d'imaginer la fin du monde que celle du capitalisme[1] ».

Et pourtant, bien que je soutienne assurément cette lutte, quelque chose me gêne. En fait, j'ai l'impression que l'énergie de cette indignation et le phrasé protectionniste dans lequel elle se présente habituellement cachent d'autres revendications

1. Cette citation, attribuée à la fois à Fredric Jameson et Slavoj Žižek, se trouve au début du livre de Mark Fisher, *Le Réalisme capitaliste. N'y a-t-il pas d'alternative ?*, Entremonde, Paris, 2018.

que l'on peine dès lors à entendre – bien qu'elles soient portées par quelques syndicats ou collectifs marginaux. Parce qu'en construisant l'école comme victime et pas comme une institution politique incarnant des rapports de pouvoir, je crains qu'on empêche d'autres questions d'émerger, peut-être plus radicales et corrosives. Autrement dit, en faisant de l'école le sanctuaire d'une culture résistante mais en danger, on omet le fait qu'elle est elle-même une institution qui attaque, une institution qui stigmatise, altérise, minorise ; une institution qui nous assigne à des places sociales selon des normes discriminantes et oppressives telles que le genre, la race, la classe – et que cette logique a tout à voir avec le capitalisme néolibéral. Et bien entendu, quand je parle d'école, je ne fais pas référence à l'idéal, mais à l'institution scolaire telle qu'elle existe, incarnée en France par l'Éducation nationale.

C'est une réalité documentée dans les livres et relatée sur les réseaux sociaux et dans les récits de tous les jours. Ce sont d'abord les histoires que les parents se racontent à demi-mot, quand leur enfant est maltraité·e par les élèves ou le personnel éducatif parce qu'iel défie la norme (blanche, sexiste, cishétéronormée, valide, mince…), mais aussi les témoignages des adolescent·e·s harcelé·e·s, dont la souffrance extrême questionne en profondeur nos collectifs. Je suis aussi toujours frappée, quand je lis les témoignages actuels de personnes minorisées, de voir que l'école représente rarement un lieu de liberté, d'émancipation ou de prise de confiance, et qu'elle incarne plutôt un espace effrayant, où on est assigné·e·s à la différence, à la transgression d'une norme d'autant plus violente qu'elle est implicite. Et ce ne sont pas seulement les interactions avec les autres élèves ou les enseignant·e·s qui sont questionnées, qui font peur, qui excluent, mais aussi – et c'est encore plus grave ! – les habitudes de l'institution scolaire : les programmes normatifs, les discours des représentant·e·s de l'école, celleux d'aujourd'hui comme d'hier, l'insistance sur une laïcité excluante, la justification culpabilisante des inégalités par le mythe de la méritocratie, la reproduction du sexisme, la réduction des possibles à la cishétérosexualité, l'exclusion symbolique des savoirs, la représentation validiste des corps, etc. Et toutes ces réalités ont des implications concrètes, non seulement psychologiques, mais politiques. En fait, elles contribuent à faire de l'école ce que Charlotte Nordmann appelle la fabrique de l'impuissance[2].

Malgré tout, on a du mal à attaquer frontalement l'école. Et cela pour tout un tas de raisons compréhensibles.

Déjà, si on admet que l'école est une institution oppressive, ça signifie que la transmission des savoirs n'est pas une pratique fondamentalement innocente et bonne ; que la connaissance ne préserve personne d'être discriminant·e, que notre culture, que l'on croit héritée de l'esprit critique des Lumières, n'est pas synonyme d'émancipation, que nos sociétés si progressistes ne sont peut-être pas aussi démocratiques qu'on ne le dit, qu'on n'a pas aboli tous les privilèges, et que ce sanctuaire qu'on appelle école, n'est peut-être qu'un mythe ou, pire, un échec. Or c'est une idée bien implantée en France que la culture (et d'autant plus celle légitimée par l'école) et l'éducation sont par excellence bonnes, au-delà du politique, parce que, prétendument neutres

2. Charlotte Nordmann, *La Fabrique de l'impuissance 2. L'école entre domination et émancipation*, Éditions Amsterdam, Paris, 2007. Charlotte Nordmann a des mots très justes : « Non seulement on reconnaît combien l'école se prêtait à l'investissement par la logique néolibérale, mais on en vient à se demander si le mode de gouvernement néolibéral ne doit pas beaucoup à la logique scolaire. » Cité dans Grégory Chambat, *L'École des barricades. Vingt-cinq textes pour une autre école, 1789-2014*, Libertalia, Paris, 2014.

et universelles. Comme si la culture n'était pas née à un moment donné, *pour* un groupe donné et, donc, contre d'autres groupes. Et concrètement, quand on se penche sur les textes qu'on lit à l'école, sur les lois qu'on y enseigne, l'histoire que l'on transmet, difficile de ne pas voir que l'institution scolaire reproduit des inégalités de genre, bien entendu, mais aussi de race, de classe, d'âge, de validité.

C'est le genre de discours qui fait lever des myriades d'yeux au ciel : « Ça va, tu craches dans la soupe, on a déjà de la chance d'avoir une éducation publique et gratuite. » Voilà la réponse qu'on oppose souvent à toute critique radicale de l'institution scolaire. Personnellement, je trouve cette réduction des alternatives – et de la révolte – d'une malhonnêteté assez facile à démonter. En fait, c'est un type d'argument connu, qui a d'ailleurs un nom bien à lui : le syllogisme. Il s'agit de tirer une conclusion prétendument logique à partir de deux postulats. Dans notre cas, voici comment ça se présente : 1/ Une école juste doit être gratuite. 2/ Or l'Éducation nationale propose une école gratuite. 3/ Donc l'Éducation nationale est juste. Et de l'autre côté de la médaille : 1/ L'Éducation nationale propose une école gratuite. 2/ Or X critique l'Éducation nationale. 3/ Donc X est contre la gratuité de l'Éducation nationale.

Mais ce type de raisonnement cache bien une faute logique : on y restreint en effet la question à un faux dilemme, alors qu'il existe d'autres options possibles – critiquer l'Éducation nationale *et* être pleinement pour la gratuité de l'école, par exemple. Parce que la gratuité est bien entendu une condition *sine qua non* pour une éducation juste et égalitaire. Tout conditionnement d'accès en fonction des moyens de la famille est par définition hiérarchisant et donc discriminant. Pour autant, cela ne signifie pas que l'on doit se contenter d'une école oppressive.

Alors, c'est vrai que j'emploie des grands mots, certain·e·s diraient même des mots exagérés, pour parler de l'institution scolaire. Parce que l'école, c'est d'abord ce lieu quotidien, patiné de normalité, où se jouent les petits et grands événements de notre jeunesse : les portemanteaux étiquetés de nos prénoms (en rose et en bleu ?), les histoires racontées sur les bancs, les cahiers à carreaux, les ami·e·s et chamailleries pendant la récréation, les fous rires au collège, la liste des fournitures, les sacs à dos trop remplis, les trousses avec des mots d'amitié pour toujours, et puis parfois des cours qui changent nos vies, des textes que l'on découvre, la parole d'un·e enseignant·e qui défie ce qu'on connaissait jusqu'ici, les premières amours, les mots glissés quand le·la prof a le dos tourné, les notes sur lesquelles on s'insurge en sortant du lycée, les listes des tics de langage des profs… en d'autres termes, toutes ces petites habitudes ancrées dans le tissu de nos vies et qui nous font dire : c'est quand même chouette l'école, non ? (Enfin, qui font dire à certain·e·s, du moins…)

Et puis, il y a l'histoire de l'institution et son aura fantasmatique : l'école de la Troisième République, gratuite, obligatoire, et laïque, avec ses hussards noirs, ses légendes d'émancipation, ses blouses et ses sourires, ceux des enfants si heureux·ses d'aller en classe qu'iels sont prêt·e·s à marcher plusieurs kilomètres dans le froid des campagnes, pour le simple privilège d'apprendre à lire. Et c'est là que l'histoire se mêle à l'idéal, celui de l'éducation comme liberté, comme émancipation collective, un idéal magnifique et nécessaire, mais pas toujours réalisé dans l'école telle qu'elle existe.

Parce que l'Éducation nationale n'est pas l'incarnation de l'idéal de l'école, elle n'est qu'une possibilité parmi d'autres, inscrite dans une histoire. Et de cette histoire, celle des débuts de l'école, on omet beaucoup de choses : que Jules Ferry, par exemple, l'homme qui donne son nom aux lois sur l'école, était un farouche partisan de la colonisation, ce qui n'avait rien d'une fatalité à l'époque. Que filles et garçons étudiaient dans des écoles séparées, afin d'être préparé·e·s à prendre leurs places bien distinctes dans la société hétéronormée de l'époque : d'un côté les ménagères douces et angéliques, de l'autre, les futurs soldats, hommes de pouvoir, ou travailleurs. Parce qu'il s'agissait de cela aussi : former et adoucir le peuple, celui qui s'était insurgé dix ans plus tôt avec la Commune et qui s'était doté, pour la première fois de l'histoire, d'une école gratuite, publique et laïque, offrant le même salaire aux enseignant·e·s hommes et femmes. De cette initiative, on parle peu aussi, et cet oubli ne sert qu'à mieux nous convaincre que ce dont on dispose serait la seule version possible de l'école. C'est cette réduction des possibles qu'il nous faut combattre pour voir que l'institution scolaire, celle qui existe effectivement, n'a jamais été détachée du pouvoir. Qu'elle est née comme un système de distribution de places, de hiérarchies, et donc comme un système d'exploitation. Et que cette histoire se poursuivra tant qu'on ne l'aura pas pensée, questionnée, mise à distance ensemble.

Alors oui, j'utilise des grands mots, mais comme le dit la poétesse Audre Lorde, « les outils du maître ne détruiront pas la maison du maître[3] ». C'est pourquoi j'avais besoin, dans ce livre, de proposer une critique de l'institution scolaire qui soit radicale : c'est-à-dire qui questionne les fondements même de l'Éducation nationale. Pas une critique de *l'*éducation donc, mais d'*une certaine* éducation, dite nationale, instituée pour servir une société patriarcale, capitaliste et raciste.

L'objet de ce livre n'est par conséquent pas de mettre en avant toutes les initiatives individuelles de celleux qui font l'école au quotidien et qui, par leurs activités constantes et leurs combats, accompagnent les jeunes à défaire les normes et les injustices. Si je n'en parle pas, ce n'est pas pour dire que ces initiatives n'existent pas, ni pour minorer leur importance : au contraire, le travail des enseignant·e·s et des professionnel·le·s de l'éducation est crucial. Il ne s'agit pas de sacrifier ce qui existe pour ce qui pourrait exister, et il nous faut donc faire avec, établir des stratégies, continuer. Mais c'est un autre sujet, un autre livre que celui-ci, et que j'aimerais d'ailleurs beaucoup lire. Mon urgence à moi, celle qui m'a poussée à écrire, c'est de dénoncer l'institution, son pouvoir, sa manière d'appréhender son histoire, de se justifier, d'organiser nos vies.

Ce que j'écris prend donc racine dans ma vie et ma propre expérience de l'Éducation nationale : en tant qu'élève, étudiante, mère et enseignante ; mais aussi en tant que personne sexisée, perçue comme femme dans la société, et qui subit le sexisme de cette institution. C'est cette oppression que je décris dans les deux premiers chapitres de ce livre. Pour autant, bien que je parte de mon point de vue de femme, cis et hétérosexuelle,

3. Audre Lorde, *Sister Outsider. Essais et propos sur la poésie, l'érotisme, le racisme, le sexisme…*, Éditions Mamamelis, Genève, 2020.

et que celui-ci influe nécessairement mon propos, mon objectif n'est pas de restreindre le sexisme à une oppression tournée contre les personnes femmes (cis). Parce qu'il découle de la différenciation des sexes, de l'assignation de chaque personne à un genre selon une vision binaire et hiérarchique, le sexisme stigmatise tout autant les gays, trans, bi, asexuel·le·s, queer, lesbiennes, intersexes que les personnes perçues comme femmes[4]. J'essaie donc de mettre en évidence comment l'école participe, avec la société, à nous assigner à des places sexuées, les un·e·s contre les autres – et que pour combattre ce système, il nous faut une lutte convergente, qui dépasse l'enjeu de l'égalité hommes-femmes.

Si je partage mon expérience, il ne s'agit donc pas seulement de parler des situations où j'ai été moi-même victime d'oppression. L'école est une institution ancrée dans la société, elle reproduit donc des inégalités raciales et classistes par des dynamiques d'exclusion et de minoration d'autant plus insidieuses qu'elles se font au nom de valeurs perçues comme positives : vivre-ensemble, laïcité, culture, féminisme, etc. C'est ce que je dénonce dans le troisième et le quatrième chapitre. Parce que je parle d'oppressions et de discriminations que je n'ai pas moi-même subies, je me suis efforcée, le plus possible, de partir des témoignages de personnes directement touchées (livres, podcasts…), mais aussi de rendre visibles les privilèges dont j'ai moi-même pu bénéficier à l'école en tant que personne perçue comme blanche et appartenant à la classe moyenne-supérieure.

Je sais que ce livre n'est pas exhaustif : tant d'autres choses mériteraient d'être dites, dénoncées, revendiquées. Ces silences ne résultent pas d'un choix de ma part, d'une volonté de

---

4. Il faut lire ce qu'en dit Juliet Drouar dans *Sortir de l'hétérosexualité*, Éditions Binge Audio, Paris, 2021.

hiérarchiser les oppressions, mais plutôt d'une ignorance que j'espère résorber. J'ai parlé des sujets sur lesquels je me sentais le plus à même de m'exprimer. Veuillez excuser mes manques sur les autres.

Je voudrais terminer cette introduction par une note positive.

L'injustice et les inégalités nous paraissent tous les jours plus visibles. Elles sont au fondement des institutions que l'on fréquente au quotidien, de nos pratiques, de ce que l'on mange, de comment on s'habille, de ce qu'on lit, de ce que l'on regarde, croit et espère. Et ça peut être infiniment décourageant de se mouvoir dans ce monde dont les murs s'étiolent sous nos yeux. Alors des fois, quelle que soit la position que l'on occupe, c'est normal de vouloir fermer les yeux et oublier, rien qu'un instant. Parce qu'on se sent impuissant·e et que l'on nous répète depuis toujours que la justice est impossible, et que ça a toujours été comme ça.

Mais c'est faux. Nos sociétés ont des histoires forgées dans le pouvoir des un·e·s, mais aussi dans les luttes des autres. C'est à ces dernières que l'on doit prêter l'oreille aujourd'hui : à ces voix qui dénoncent, écrivent, bâtissent autrement, ces voix qui ont toujours été là, mais qu'on entend résonner de plus en plus fort, et qui nous disent l'exigence d'un monde qui fasse exploser toutes les hiérarchies, qui n'attende pas la fin des temps pour faire advenir le bonheur et la justice, mais qui les tisse au quotidien, ensemble, par des communautés concrètes, solidaires, et qui n'efface pas les conflits sous la cape d'un universalisme homogénéisant.

Et pour bâtir ces mondes, on a besoin de l'école – et d'une école qui soit vraiment à nous !

Chapitre 1

LES OPPRESSIONS EN HÉRITAGE

LES « JEUNES » SONT UNE CATÉGORIE POLITIQUE

Je me souviens encore de la sensation. La première fois que j'ai passé un *bon cours* en tant qu'enseignante ; pas seulement un cours où les élèves ont écouté, noté ce que j'ai dit, fait leurs exercices, mais un moment partagé, où on a parlé ensemble à partir de nos histoires respectives. Un moment où l'autorité forgée par l'école – moi au-dessus de vous, moi sachant plus que vous – n'innerve plus les relations, un moment où on n'en a pas besoin, où on s'écoute, pas parce qu'on *doit* s'écouter, mais parce qu'on le *veut*.

Je me souviens d'être arrivée dans la rame de métro juste après ce cours, et m'être dit : je me sens bien. L'espace habituellement inhospitalier des transports en commun, le bruit, la promiscuité, le sentiment d'alerte, tout cela n'existait plus. J'étais connectée au monde, en relation, libérée de cette crainte diffuse des autres. Et je me suis dit : alors c'est ça, enseigner ?

Tous les jours ne peuvent pas ressembler à celui-ci ; mais c'est vers cela que je voulais tendre un maximum en enseignant. Être à l'aise avec les adolescent·e·s, construire avec elleux un monde commun.

Je ne supporte pas quand les gens critiquent les adolescent·e·s ; et pourtant, on le fait constamment, d'un milieu politique à l'autre. Récemment, j'ai assisté à une rencontre littéraire. Dans le public, largement ancré à gauche, voire à l'extrême gauche, plusieurs personnes ont déploré le rapport dépolitisé des adolescent·e·s à la culture. Iels opposaient leur propre éducation politique, nécessairement accomplie, à l'ignorance paresseuse de cette jeunesse qui ne lit plus les classiques, mais se repaît d'*Hunger Games* et de séries violentes. Ça m'a mise en colère. Je ne comprends pas comment on peut se réclamer du camp antioppressif tout en se présentant au monde comme meilleur·e que les adolescent·e·s.

Il ne s'agit pas de faire du jeunisme, et de défendre les jeunes seulement parce qu'iels ont soufflé moins de bougies, ou qu'iels représentent « l'avenir de la nation » – quelle expression abominable. Si je tâche de prendre leur parti, c'est parce que quand on parle des « jeunes », très souvent, on ne désigne pas seulement une classe d'âge, mais une catégorie politique à laquelle on assigne des traits figés, presque toujours négatifs – là où c'est le plus clair, c'est quand on parle des « jeunes » de banlieue, euphémisme racialisant qui sert à désigner les garçons racisés des quartiers populaires.

Aliéné·e·s par les nouvelles technologies, ne sachant plus bien parler ou écrire français, consuméristes, insouciant·e·s, se croyant tout permis, inconscient·e·s des combats menés par leurs pères et leurs mères, les « jeunes » trahissent et compromettent les idéaux de la société... D'une sensibilité politique à l'autre, les traits qu'on leur assigne peuvent varier, et les « jeunes » peuvent devenir, au choix, trop féministes pour un·e réactionnaire, ou trop réactionnaires pour un·e féministe. Dans tous les cas, iels représentent un monde en dépérissement.

Ces assignations pèsent sur l'école, et en particulier le collège, le moment où les « jeunes » nous font le plus peur. C'est en leur nom qu'on justifie des discours paternalistes, voire civilisateurs :

les enseignant·e·s seraient les nouveaux·elles missionnaires, celleux qui apportent aux jeunes l'esprit critique, les libèrent du sexisme et du racisme crasseux de leur quotidien TikTok-baston.

Je suis très mal à l'aise avec ce discours. J'ai souvent trouvé mes élèves bien plus conscient·e·s des violences systémiques que beaucoup d'adultes ; en tout cas, bien plus que je ne l'étais à leur âge. J'aime entendre leurs analyses acérées, leur point de vue sur notre monde violent et oppressif. J'ai été surprise, en les observant, de l'adelphité qui règne entre personnes sexisées, de leur conscience accrue du genre, du ras-le-bol qu'iels éprouvent face à la légitimité exclusive de la classe dominante, de leur crainte pour l'avenir de la planète, et de leur lucidité sur ce qu'iels représentent pour l'autorité.

Mais vivre le collège en tant qu'enseignante, ça a été aussi pour moi une confrontation régulière au sexisme des élèves, à l'homophobie qui innerve la majorité de leurs insultes, à la violence de la cour de récréation, au racisme latent, à la grossophobie et au validisme. C'est vrai au collège, mais ça existe avant aussi. Dès l'école primaire, dès la maternelle, les enfants sont traversé·e·s par les oppressions systémiques et s'en imprègnent dès le plus jeune âge.

Et en être témoin, c'est peut-être ce qui m'a le plus décontenancée dans mon expérience d'enseignante. Parce que je n'avais pas envie d'en vouloir aux jeunes, à mes élèves ; je n'avais pas envie de tomber dans les clichés que je détestais.

Et puis un jour, j'ai vécu une expérience qui m'a mise, au moins dans mon interprétation, au centre de cette violence. Cela a été éprouvant, mais c'est ce qui m'a aidée à consolider mes convictions et ma volonté de ne pas voir dans les jeunes les coupables du monde dont iels ont hérité. Finalement, cette expérience de la violence à l'école vécue en tant qu'enseignante est devenue l'événement qui m'a donné envie d'écrire ce livre. Le point de départ. Mon premier cri de révolte.

L'histoire qui suit prend racine dans mes souvenirs. Ce n'est que mon point de vue, transformé par ce que j'ai ressenti. Nul besoin d'y chercher la vérité, que j'ai d'ailleurs modifiée afin de rendre nos émotions, telles que je les ai comprises : celles de mes élèves, mais les miennes aussi, parce que je ne suis pas juste une prof. C'est ce que ce moment m'a rappelé : mon assignation de genre, et le rôle qu'elle a joué dans mon histoire.

LES JEUNES SONT-IELS SEXISTES ?

ÉLÈVES FILLES *VS* ÉLÈVES GARÇONS ?

Les rapports dont je parle ici sont structurés par la différenciation sexuelle : c'est vrai entre les élèves, mais aussi dans ma manière d'interagir avec elleux, et elleux avec moi. Si je rends compte de cette binarité, ce n'est pas pour la naturaliser, mais pour la questionner. Pour dire la difficulté aussi, quand on reçoit la norme sexiste en héritage, d'inventer d'autres manières d'être ensemble. Pour dénoncer l'enlisement de nos relations.

« Les hommes doivent-ils protéger les femmes ? »

La question est inscrite au tableau.

Ce n'est pas moi, mais mes élèves de troisième qui ont choisi le sujet de notre débat hebdomadaire. J'aborde ce cours avec sérénité : lors de notre précédente séance, nous avions déjà discuté de la légitimité de la violence comme réponse à l'oppression, et mes élèves m'avaient surprise par leur enthousiasme. C'était l'un de ces cours dont on sort heureux·se et fier·ère d'être prof. Se détacher des programmes – des évaluations déguisées en « validations de compétences », des textes littéraires avec questions de compréhension que je peine moi-même souvent à saisir et dont je ne comprends jamais, en tout cas, l'utilité réelle – pour entendre mes élèves exprimer pleinement *leur point de vue sur le monde*. Le genre de cours d'où l'on ressort avec ce sentiment d'exaltation, d'exigence et d'espoir qu'enseigner peut procurer.

Pas de raison, donc, qu'il en aille autrement aujourd'hui, je me dis, heureuse à la perspective de ce nouveau débat avec elleux.

Maël, habitué du fond de la classe, est venu s'installer devant. Il fait partie des « chefs » du collège, ce qui devrait me conduire à me méfier de lui. Pour autant, je l'apprécie, et je me dis que c'est l'intérêt qui l'a conduit à se déplacer au premier rang. Je n'ai même pas le temps de lancer l'une des questions que j'ai préparées pour orienter la discussion, que Maël a déjà commencé à parler :

— Bah oui, c'est obligé. Moi, quand je vois un mec faire chier ma sœur, forcément, je deviens fou. C'est naturel pour un mec.

Il est adossé au mur, tourné vers le reste de la classe ; il n'a pas levé la main ; il a utilisé des mots familiers. Malgré mes prétentions au non-conformisme, je ne peux empêcher les trois voyants rouges de s'allumer dans ma tête de prof. *Bib, bip, bip.*

Alors je réfléchis, le plus vite possible, pour évaluer la démarche à suivre : ignorer, se moquer avec ce genre d'humour qui ne fait rire que les profs, punir ?

Je choisis de ne pas prendre son attitude comme une forme de provocation.

La réplique de Bastien, en revanche, me fait regretter de n'avoir rien dit :

— Les vrais mecs !

— Justement, Bastien, je crois que, derrière ta « blague », tu touches un point essentiel dans ce débat. C'est quoi « un vrai mec » ? Ne devrait-on pas se libérer de ces catégories qui nous enferment ? Et qu'en est-il pour quelqu'un qui n'aurait pas envie de ressembler à ce que vous prenez pour un « vrai mec » ?

— Un pédé, quoi.

Trois répliques en tout pour en arriver là.

Mais la remarque de Bastien ne déclenche pas autant de rires qu'il ne l'aurait voulu. Quelques garçons sourient. Seul Théo, qui est habituellement la cible des moqueries des autres garçons, va jusqu'à s'esclaffer, pensant probablement ainsi s'attirer les bonnes grâces de ceux qui ont l'habitude de l'humilier.

J'entends aussi beaucoup de « oh » réprobateurs venant majoritairement des filles de la classe. Rosa pousse un soupir très fort. Je me tourne vers elle : le regard dirigé vers la fenêtre, elle semble prête à exploser.

Tout va très vite, je suis sur le point de parler, mais Laura intervient avant moi :

— Arrête Bastien, t'es pas drôle quand tu fais ça !

— Merci Laura, je crois qu'on peut toutes et tous être d'accord avec toi. Mais le fait que la réponse de Bastien ne soit absolument pas drôle n'est même pas le plus grave.

— C'était homophobe ce qu'il a dit, madame, explique Lucie, au premier rang.

— Oh, mais « pédé », madame, on le dit tout le temps, c'est juste une manière de parler.

— Peut-être, justement, Maël, que vous êtes tout le temps homophobes.

Ma réponse les fait rire et détend l'atmosphère. Ce n'était pas le but, mais je suis presque soulagée qu'iels réagissent ainsi. Je poursuis en tentant de leur faire comprendre ce que je veux dire :

— Je ne dis pas ça pour vous moraliser, vous en particulier. On pointe souvent du doigt les collégien·ne·s en disant qu'iels sont particulièrement homophobes. Mais vous ne l'êtes pas plus que le reste de la société. Ce que je voulais dire, en revanche, c'est que ce qui passe chez certain·e·s d'entre vous pour une blague, une « manière de parler » comme tu dis, Maël, est en fait très violent pour d'autres.

J'entends le soupir exagéré de Dylan.

— Bah moi, je m'en fous. Les gens disent ce qu'ils veulent.

Il marmonne depuis le premier rang. Ses postillons dansent dans l'air comme de la poussière. Je me tourne vers lui. Son visage respire l'indifférence, d'une manière si outrancière que je n'arrive pas à savoir si c'est joué ou réel. Ou peut-être qu'à force de jouer, c'est devenu réel.

Face à cela, je n'ai jamais su comment réagir. Je ne supporte pas quand les profs se moquent des fautes d'orthographe que font les élèves – sincèrement, à part le fait que c'est mon rôle de les corriger et de leur expliquer la grammaire, les fautes d'orthographe, je n'en ai pas grand-chose à faire. Qu'un·e élève ne connaisse pas Molière, encore moins. Mais quand les élèves manquent d'empathie, ou qu'iels refusent d'en avoir, je me sens impuissante.

— Dylan, c'est peut-être quelque chose que tu dis parce que tu ne t'es jamais retrouvé à la place d'une personne opprimée.

Il lève les yeux au ciel, l'air de dire que mes propos n'ont absolument aucun intérêt.

Théo profite du silence pour prendre la parole :

— Madame, vous savez que les musulmans, ils tuent tous les homosexuels.

Celle-là, j'aurais dû m'y attendre, surtout de la part de Théo, qui a déjà réussi – en quelques semaines de cours – à me parler deux fois de racisme anti-blancs.

— N'importe quoi, rétorque Maël. C'est pas tous les musulmans.

Je respire : Maël est aussi capable de ce genre de remarque, c'est ce qui fait que je l'apprécie.

— Mais madame, poursuit Théo avec son air d'enfant de chœur, vous savez que dans le Coran, c'est marqué que les homosexuels doivent être lapidés.

— Figure-toi que non, dis-je. Ce n'est pas marqué dans le Coran. Et si les religions monothéistes ont servi à justifier l'homophobie, les laïcs, les non-religieux et les athées font également preuve d'homophobie et de sexisme. Mais revenons au sujet du débat. On a parlé pour l'instant de ce qu'on a l'habitude de faire, de penser. Mais est-ce qu'il ne faudrait pas réfléchir aux stéréotypes derrière l'idée qu'il y a des hommes et qu'ils devraient protéger les femmes ?

De nouveau, Maël intervient. Cette fois, je lui demande de lever la main avant de parler.

— Mais madame, c'est normal ! C'est comme ça depuis la préhistoire. Les mecs ont toujours été plus forts ! Après, les filles ont… d'autres trucs.

J'entends des filles râler. En observant l'aisance absolue avec laquelle Maël s'est exprimé, je réalise à quel point, jusqu'ici, la parole a été majoritairement masculine. Ça me fait penser aux articles que j'ai lus sur la répartition de la parole entre filles et garçons dans les classes.

— On a surtout entendu les points de vue des garçons sur le sujet. Est-ce qu'il ne serait pas intéressant de voir ce que les filles en pensent ?

Bastien éclate de rire, mais je décide de plutôt donner la parole à Élise, au premier rang.

— En fait, au fond, c'est mignon ce qu'il dit, Maël. De protéger ses sœurs et sa copine, c'est gentil en soi.

Au fond de la classe, Rosa se redresse. J'ai remarqué qu'elle s'est repliée sur sa table depuis le début du débat et elle est cachée par Bastien, qui se tient toujours très droit. Son visage est ferme, décidé, et elle a tendu sa main très haut, comme si elle avait besoin de s'assurer d'être vue.

— La question c'est quand même : nous protéger de qui ? lance-t-elle.

Je reconnais le ton de celle qui a besoin de parler, qui n'en peut plus qu'on la fasse taire.

Bastien se retourne vers elle abruptement tout en marmonnant :

— Hein ? Qu'est-ce qu'elle dit, elle ?

La grimace de mépris sur son visage lui fait des joues toutes rouges. On dirait vraiment un enfant.

— *Elle* s'appelle Rosa, Bastien, et elle a juste posé une question.

— Madame, c'est qu'elle parle de manière agressive, ajoute Maël pour venir en aide à son ami.

Rosa n'attend pas que je prenne sa défense pour répéter sa question :

— Tu dis que les hommes protègent les femmes. Mais vous nous protégez de qui ?

— C'est quoi ta question ? ça dépend… hésite Maël.

— Des hommes.

— Ouais, tout de suite, les généralités ! C'est elle qui est violente, là !

Rosa poursuit sur sa lancée sans faire attention à la remarque de Bastien.

— Il y a un mec, près de chez moi, il est toujours près de l'étang. Et à chaque fois qu'il y a des filles qui passent, il les fait chier – pardon, il leur fait des remarques. Même une fois, il a montré, il… il s'est montré à des petites qui passaient. Il fait super peur et tout le monde le sait et personne ne fait rien. Ma voisine l'a dit à la police, mais ils s'en fichent. Mais nous, ce genre de choses, ça nous détruit la vie.

— C'est quoi ton histoire ? Je ne vois pas le rapport, lance Bastien, se tournant à moitié vers elle.

— Les filles, on n'a pas peur des autres femmes, poursuit Rosa. Du moins pas comme tu l'entends. Les autres femmes peuvent nous juger, ou ne pas être sympas, mais elles ne menacent pas… notre corps, notre vie.

— Eh, mais si, il y a celles qui mettent leurs bébés au congélo !

Romain a parlé de sa voix toute douce. C'est un garçon gentil, solitaire. Le jour de la rentrée, il m'a prévenue qu'il aurait des mauvaises notes toute l'année parce qu'il était bête. Comment faire regagner son estime de soi à un élève à tel point détruit par l'hypocrisie des exigences scolaires ?

— Eh, mais t'es un des nôtres, toi, en fait !

Je reconnais la moquerie dans le ton de Maël. Je ne comprends pas, ou feins de ne pas comprendre ce qu'il implique. Il faut que j'intervienne.

— Pourquoi tu dis ça ?

— C'est bon, madame, c'était un compliment. Je lui disais que c'était un mec comme nous.

Je souffle pour me calmer. J'ai l'impression de m'engluer dans le débat. J'essaie d'intervenir à nouveau :

— Mais justement, c'est quoi un « mec comme vous » ? C'est quoi « une fille plus fragile » ? Vous n'avez pas l'impression qu'il y a des stéréotypes derrière tout ça ? Des préjugés qui peuvent faire du mal ?

Maël bondit en arrière et sa chaise tape contre la table derrière lui.

— Madame, c'est plus un débat si vous dites que tout ce qu'on dit, c'est des clichés !

— Pourquoi tu dis ça ?

Théo répond avant Maël.

— Oui, et puis il y en a une qui a tué son mari ! Avec un fusil, ajoute-t-il, se levant à moitié de sa chaise de joie d'avoir trouvé un nouvel exemple susceptible de le rapprocher de la bande des garçons.

— Tu veux parler de Jacqueline Sauvage, Théo ? Son mari la frappait et la violait depuis des décennies.

— Elle n'avait qu'à porter plainte ! crie presque Bastien. Le mépris n'a pas abandonné son visage, mais il s'y mêle de l'excitation. La dernière fois, vous disiez qu'on ne doit pas se faire justice soi-même ! Vous l'avez dit ! Qu'au collège, s'il y a un mec qui nous insulte, fallait pas le taper.

— *Un mec*… répète Rosa derrière lui.

— Qu'est-ce que t'as, toi, à me parler encore ? Qu'est-ce que tu veux, là ? Dis-le-moi en face au moins.

Bastien ne se tourne pas vers Rosa. Il ne la regarde jamais dans les yeux, mais tout son corps se tend à chaque fois qu'il lui parle. Comme s'il était sur le point de la frapper. Ou plutôt : comme s'il voulait montrer aux autres qu'il était prêt à la frapper.

— Je te le dis en face sans problème : dans ton exemple, encore une fois, c'est un « mec » qui est violent. Ça montre bien que la violence dont on parle, ça vient des mecs. Je ne dis pas que les hommes naissent comme ça. Mais c'est une question d'éducation.

— Mais ta gueule, putain. C'est toi qui es violente. C'est toi qui m'insultes, là.

J'inspire afin de chercher les mots intérieurs pour apaiser ma propre colère : *Bastien a 14 ans, c'est un enfant, il répète ce qu'il entend partout, tu ne peux pas lui en vouloir. Tu es sa prof.*

J'ai beau me le dire, je n'arrive pas à être juste la prof, et à oublier tous les moments où, comme Rosa, j'ai moi-même été silenciée par un homme qui retourne la situation pour se poser en victime.

Je le regarde, j'essaie de trouver au fond de moi de la compassion pour lui. Son visage d'enfant est tendu par la colère, mais pas seulement : la frustration aussi, l'impression qu'on lui enlève ce qui lui est dû. Il croit vraiment à ce qu'il dit. Il croit vraiment être la victime ici.

— Rosa n'a rien dit contre toi, Bastien. Elle exprime un point de vue que tu n'acceptes pas, c'est tout. C'est important que tu te calmes et que tu t'excuses.

— Mais elle veut prendre le dessus ! Elle veut prendre le dessus sur moi !

Tout en parlant, il agite les mains dans des mouvements incompréhensibles.

Je ne sais pas quoi faire.

Maël s'octroie le rôle du conciliateur. Il a le ton de celui qui maîtrise la situation.

— Bah si, madame, elle attaque les mecs en disant *tous les mecs*. Qu'est-ce qu'elle veut aussi, Rosa ? Qu'on laisse nos copines et nos sœurs se faire violer sans rien dire ? Nous on prend des risques à chaque fois qu'on vous protège. Dans l'histoire, on s'est sacrifiés pour vous.

— Ce que je veux, c'est que les mecs ne violent pas.

La voix de Rosa a la solennité et la fureur d'une sentence.

Gêné·e·s par la situation, quelques élèves éclatent de rire.

— Quoi, tu dis quoi, là ?

— Tu me demandes ce que je veux. Je te le dis : que les mecs ne violent pas. Qu'on puisse vivre sans cette violence. On n'aurait pas besoin d'être protégées si cette violence n'existait pas.

— Toi, t'inquiète pas, de toute façon, y a aucun mec qui aura jamais envie de te protéger !

Une moitié de la classe s'esclaffe à la blague de Maël. Mais ça ne suffit pas à Bastien. Je vois les muscles de son visage se tendre. Quelque chose vrille en lui. Il marmonne, mais du devant de la classe, je n'entends pas ce qu'il dit. Je n'aperçois que ses gestes, ses bras qui se tendent en arrière, comme s'il s'apprêtait à frapper

Rosa. Son poing sur la table, comme une menace. La grimace sur son visage : la haine.

Pendant un instant, tout devient flou.

Je pose ma main sur le bureau et tente de respirer.

Je dois rester calme. En dehors de la situation.

Mais je ne suis pas en dehors : j'ai moi aussi été cette fille qu'on prétend devoir protéger.

Parmi d'autres, un souvenir émerge : le premier, peut-être, de la violence d'un homme. Je rentrais de la plage, 9 ans, fière d'être grande, m'imaginant l'être. Je ne savais pas encore ce qu'être grande signifiait dans le monde des hommes.

Je revois ma robe : bleue, en denim, le genre de robe qui revient à la mode aujourd'hui. Je l'adorais. Et je marchais, la tête haute, mon sac de plage serré contre moi. Je passais devant un café avec terrasse. Un groupe de mecs attablés. Je n'ai pas tout de suite vu leurs visages. Au départ, ils n'étaient que rires dans l'atmosphère enchantée de l'été.

Et puis une voix qui se distingue des autres. Grave, empesée, suintant l'alcool – une ou deux bières, pas plus, l'alcool du mec sympa, intelligent, le mec qui se croit supérieur aux habitués du PMU.

Dans mon souvenir il n'a pas de visage. Tout est clair, sauf son visage. Il ne me reste que sa voix. « Oh, la belle petite fille, comme t'es belle avec ta robe. Viens me voir, viens me faire un bisou. »

Je ne suis pas une petite fille. Enfin si, mais pas dans le sens qu'il donne à ce mot.

Quand j'y repense, ça me paraît si absurde que je doute parfois de la véracité de mon histoire. Et puis la peur serre à nouveau mon ventre et je sais que c'est vrai.

Je ne sais pas quoi faire, j'avance, plus vite. Je sais que ça ne va pas. Je le sens, tout mon corps le sent. Je baisse la tête, je ne le regarde pas.

J'entends les rires des autres. Tous ensemble, des adultes qui rient et moi qui allonge le pas. J'ai soudain honte de ma robe, de mon corps, de mes longs cheveux.

Juste après, je retrouve mon père et je lui raconte tout. Quand il arrive au niveau de la terrasse du café, les hommes sont encore là.

Je n'ai aucun souvenir des mots de mon père, mais je sais qu'il crie, que la veine sur son front est prête à exploser. Il est grand, large, menaçant. Et l'autre a peur, se fait tout petit. Personne ne le défend. Il est humilié. Grâce à mon père, c'est à lui d'avoir peur maintenant. Et la petite fille d'alors se réjouit, je sens encore son ventre se détendre dans mon ventre de femme.

Je connaissais la peur que mon père pouvait inspirer, je savais sa violence et je m'en étais réjouie.

Mais Rosa a raison. Cette violence qui m'a protégée, si je la trouvais si forte, c'est parce que je savais déjà alors qu'elle pouvait se retourner contre moi. Cette crainte, je la porte encore aujourd'hui.

La sonnerie retentit et me ramène ici et maintenant, dans ma salle de classe. Ses bruits sont familiers : classeurs qui se ferment d'un coup sec, stylos dans la trousse, fermetures Éclair des sacs à dos. Routine d'une fin de cours.

Mais je sais que ce n'est pas fini.

La prof d'histoire est déjà arrivée : le mardi, elle donne cours dans ma classe. Les élèves, qui avaient oublié (ou avaient fait mine d'oublier), soupirent, ouvrent à nouveau leur trousse et sortent leur cahier d'histoire.

Iels sont passés à autre chose. Leur vie est déjà tissée de toutes ces menues violences qu'iels feignent d'oublier. Iels n'ont pas le choix. Mais je n'arrive pas à en rester là. M'excusant auprès de la prof d'histoire, je demande à Bastien de m'accompagner dehors.

Je me souviens des conseils d'une collègue quand je commençais à enseigner au collège. Ses mots me reviennent, des punitions comme autant de mots clefs : correspondance avec les parents, mise en garde qui, répétée cinq fois, se transforme en retenue, retenue d'office, exclusion de cours, rapport d'incident. Des outils que je n'ai jamais réussi à m'approprier : Comment fait-on un rapport d'incident ? À quoi ça sert ? Et si les parents n'ont pas signé le mot, qu'est-ce qui se passe ? Un nouveau mot ? Et dans ce cas, qu'est-ce que ça apporte ? Une retenue ? Une heure d'étude transformée en heure de colle, qu'est-ce que ça change, ça aussi ? Et puis, que faire quand l'élève brandit son carnet de liaison en souriant à moitié, comme s'il était ravi – presque fier – de comptabiliser un mot de plus dans son carnet ? Parce que les punitions, je le sais, servent souvent de médaille dans la performance virile qu'on exige des garçons.

Pour sortir de ce cercle infernal, j'ai essayé de ne plus distribuer des punitions qui me font sentir pareille à un maître sorti d'un orphelinat du XIXe siècle. Alors, je fais ce que j'étais habituée à faire : parler. À chaque fois qu'un·e élève en insulte un·e autre, me répond mal, refuse de travailler, je vais le·la voir et lui demande de venir me trouver à la fin du cours. Je me suis rendu compte du nombre de fois où on punit avant même de savoir : un jour, un élève qui m'a dit qu'il *s'en foutait de son exposé* a ensuite éclaté en sanglots, racontant qu'il n'avait pas pu voir sa mère depuis deux semaines parce que son père refusait de partager la garde. Un autre m'a révélé que sa copine l'avait quitté. Mais il y a aussi celleux qui se braquent et ne supportent pas que je fasse appel à leurs émotions.

En demandant à Bastien de me suivre hors de la classe, je sais déjà que nous ne trouverons pas de terrain d'entente. Mais utiliser mon pouvoir inutile – mot ! retenue ! rapport d'incident ! – me semble encore plus inapproprié. D'autant plus que, pour lui, le spectacle n'est pas fini : à quelques mètres de nous, des élèves d'une autre classe de troisième attendent leur prof de sport. Je remarque qu'un petit groupe de garçons nous jettent des coups d'œil curieux et moqueurs. Thibaut est parmi eux : c'est un élève qui a souvent un comportement agressif. Je sais qu'avec eux présents et spectateurs de la scène, Bastien se doit, coûte que coûte, de ne pas céder. De rester *un vrai mec*. Le visage fermé, sautillant dans ses baskets, il fixe le sol à ses pieds.

— Bastien, il faut qu'on parle de ce qui s'est passé en cours aujourd'hui.

— Ouais, ouais, je m'en fous de toute façon.

Je prends une grande inspiration.

— Tu vois, je ne peux pas m'empêcher de croire que c'est tout le contraire. Tu sais que pour la réponse que tu viens de faire et ton comportement tout à l'heure, je devrais te mettre une retenue.

— Allez-y.

— Je n'ai pas besoin de ta permission, Bastien, mais je ne vois pas l'intérêt de te donner une punition si tu ne comprends pas ce qui vient de se passer.

Il continue de sautiller. J'éprouve soudain de la compassion pour lui. J'ai l'impression qu'il lutte contre un masque à la fois trop grand et trop petit.

Derrière moi, j'entends Thibaut et ses amis qui se rapprochent.

— Mais Rosa, elle voulait prendre le dessus sur moi, là ! Elle voulait prendre le dessus !

Thibaut et ses amis sont arrivés à notre hauteur. Ils rient, se poussent et j'aperçois Thibaut sortir un baume à lèvres de sa poche, et l'ouvrir au maximum jusqu'à ce que le tube soit totalement sorti de son contenant. Il le tend vers moi en riant, faisant des petits mouvements, le stick dirigé vers moi, mais je détourne la tête, essayant d'oublier la symbolique de son geste. Bastien les observe, et je vois le sourire forcé qu'il adresse à ses amis, une grimace triste qui me crève le cœur.

Je lui demande de me suivre plus loin pour poursuivre la discussion. Thibaut et ses amis se tiennent juste derrière mon dos et je vois que Bastien continue de les regarder, ce même sourire fixé sur son visage.

— J'étais là, Bastien, je vous ai écouté·e·s. Rosa a exprimé son opinion…

— … c'était contre moi ! Elle était violente ! Elle voulait prendre le dessus sur moi !

Je ne comprends toujours pas pourquoi il utilise cette expression et je sens à quel point notre discussion est stérile. Je n'arrive pas à laisser tomber pour autant, j'espère encore qu'il se calme, qu'il arrive à voir d'où vient la violence.

— Elle n'a jamais exprimé de point de vue violent contre toi. Elle a le droit d'être touchée par ce sujet, tout autant que toi et même…

Je n'ai pas le temps de poursuivre. Bastien s'esclaffe, comme si on le forçait à rire. Je me retourne.

Thibaut est derrière moi et il tend encore son stick à lèvres dans ma direction. Pendant un instant, je reste interdite, incapable de comprendre. Ou plutôt, je refuse de comprendre.

Et puis je vois son geste, je ne peux plus m'empêcher de le voir.

Le tube est tendu vers le haut, vers moi, il entre et sort de manière répétée. Thibaut ricane et les autres rient avec lui.

Je ne sais pas comment réagir.

On ne m'a pas appris comment me protéger.

Alors je fais comme on fait toutes. Je lève les yeux au ciel et je pars.

Il ne me reste que ma colère.

Quelques instants plus tard, j'attends sur le parking du bourg de mon collège. J'appelle mon mari et je lui raconte tout : le débat, les paroles dont je me souviens, la violence de Bastien, et puis le stick à lèvres de Thibaut tendu dans mon dos.

Je n'ose pas expliciter ce que ce geste peut signifier, je n'arrive pas à faire confiance à mes émotions. Ce que je ressens n'a pas de sens. Ce n'est tout bonnement pas possible, j'ai dû me tromper, mal analyser son geste. J'ai besoin que mon mari me le dise, qu'il me confirme ce que je crains. Encore aujourd'hui, j'ai du mal à le dire : ce geste, c'était l'imitation d'un acte sexuel.

Comme toutes les personnes avec qui j'en ai parlé depuis, mon mari me certifie que mon analyse est la bonne. Ce qu'il me dit, la manière qu'il a de le dire, c'est exactement ce que j'ai besoin d'entendre – mais que j'aurais dû réussir à me dire toute seule. *Un adolescent de 14 ans qui fait ce geste avec son stick à lèvres déroulé, c'est évident qu'il sait ce qu'il fait.* Mon mari est énervé, mais il n'essaie pas de s'approprier mon malaise et ma colère. Il m'écoute, me laisse exprimer mes émotions.

Il n'empêche que je n'ai pas réussi à me faire confiance. Je n'ai pas senti que j'avais la légitimé d'affirmer ce que j'avais vécu.

C'est pire que ça : je me suis sentie coupable de *penser* que le geste de mon élève pouvait avait une signification sexuelle. D'abord, parce qu'il est mineur et moi adulte, et j'ai l'impression de projeter sur lui quelque chose de malsain. Mais cet argument ne tient pas, parce que, quand j'y pense, j'éprouvais la même culpabilité quand la mineure, c'était moi. À chaque fois que j'ai été agressée, j'ai eu dans ma tête cette petite voix qui assène : « Tu es la victime et c'est de ta faute. »

Depuis, j'ai compris que c'était normal – non, pas *normal*, mais courant. Que c'est souvent ainsi que réagissent les victimes d'agressions systémiques. Elles se sentent coupables.

Dans son très beau livre, *Le Complexe de la sorcière*, Isabelle Sorente donne à cette voix une histoire. Pour elle, la chasse aux sorcières pèse comme un impensé colossal dans nos imaginaires. Elle structure notre rapport au monde, elle explique la culpabilité qui tiraille nos expériences quotidiennes. Pour l'écrivaine, la petite voix – celle qui nous donne la faute –, c'est l'écho de la voix de l'inquisiteur intégrée dans la mémoire de la sorcière. Moi, je dirais la voix du patriarcat blanc mal déguisé sous sa cape universaliste.

Et pour moi, ça a commencé à l'école.

QUAND L'INSTITUTION SCOLAIRE PROTÈGE LES AGRESSEURS SEXUELS

L'école se présente comme le temple de la liberté ; mais attention, une liberté bien à la française : prétendument délivrée des corps et des histoires individuelles.

Mais aujourd'hui, quand je regarde derrière moi, il y a des souvenirs qui bloquent.

Des souvenirs qui me disent : non, l'école, pour toi, ça n'a pas été la liberté.

L'événement auquel je pense se déroule alors que j'étais encore au lycée. C'était un bâtiment magnifique, en plein centre-ville. Quand surviennent les faits, je suis en seconde. J'avais deux années d'avance et je n'avais donc que 13 ans et demi. Je m'en veux de mentionner cette information : mon âge ne devrait rien changer, mais j'ai encore besoin de le dire pour me convaincre que j'étais vraiment la victime. J'espère qu'un jour, cela viendra à changer. Notre professeur de sport, appelons-le M. Cassis, était connu pour être « limite » avec les filles. « Limite », c'est le mot qu'on utilise pour parler de quelqu'un qui a dépassé les frontières depuis longtemps mais qu'on laisse là, dans le flou, parce que tout ça, dit-on, est *compliqué*.

M. Cassis était connu par toutes les élèves, comme le sont toujours les profs « limite ». C'était par exemple le cas de notre professeur de technologie du collège, célèbre pour faire tomber ses stylos afin de se baisser et regarder sous les jupes des filles. Ou encore le prof d'arts plastiques, un « original », qui s'arrogeait le droit de nous attraper par la taille, en arrivant par-derrière, pour nous faire sursauter.

C'est arrivé en cours de sport. Alors que je jouais au ping-pong, la balle est tombée dans un coin du gymnase. En allant la chercher, j'ai senti une présence derrière moi. Même sans le voir, je savais que c'était M. Cassis.

— Tu ne devrais pas mettre des tee-shirts comme ça. Ça excite les garçons.

Je me souviens parfaitement de la tenue que je portais – je l'adorais : un jogging bleu marine large, et un tee-shirt Reebok avec un motif vaguement treillis. C'était un tee-shirt un peu court, ou, comme on le dirait aujourd'hui, un *crop top*. Ce n'était même pas fait exprès : je faisais déjà 1,75 mètre et la plupart de mes tee-shirts étaient trop courts pour moi.

Je ne sais pas ce que j'ai répondu, ni ce que j'ai fait. Je me souviens juste de la colère que j'ai ressentie, déjà teintée de culpabilité : peut-être que je suis vraiment comme ça, peut-être que j'ai envie que les hommes me regardent. Peut-être que c'est de ma faute.

Dans les semaines qui ont suivi, il y a eu d'autres mots, d'autres regards de sa part qui m'ont mise mal à l'aise. Au bout d'un certain temps, j'ai refusé de retourner en sport avec M. Cassis. Ma mère a trouvé la solution la plus simple : me dispenser de sport avec, pour prétexte, des règles douloureuses.

Ce jour-là, quand M. Cassis est venu nous chercher dans la cour, je lui ai montré le mot de ma mère. Il a aussitôt senti ce qui se cachait derrière ma dispense : son pouvoir était défié.

Soudain, la situation devenait anormale et pour lui, ce n'était pas envisageable.

Un vieil homme blanc et hétéro, prof qui plus est, n'est-il pas maître du monde ? N'a-t-il pas le droit de *s'amuser* un peu avec ses *petites* élèves, surtout quand elles *jouent les pétasses* ?

M. Cassis a donc refusé la dispense : il ne voyait pas en quoi mes règles m'empêcheraient de faire du sport. Mais je ne voulais pas céder. Je ne voulais pas lui laisser croire que son comportement était normal, que je devais me conformer au rôle auquel il m'assignait.

Ce n'est pas censé être ça l'école ? La liberté ? L'émancipation ?

Comme il s'obstinait à refuser, j'ai demandé à aller voir la CPE.

Une fois arrivé dans le bureau de cette dernière, M. Cassis a commencé à parler. Je ne sais plus exactement comment il a présenté la situation de la dispense, mais il y a des mots que je ne pourrai jamais oublier :

— Elle m'a allumé. Avec son tee-shirt trop court.

C'était en 2003, dans une école publique, pour une fille de 13 ans et demi.

Sur le moment, je crois, j'espérais encore que le sexisme éhonté de M. Cassis ne serait qu'une aberration, une exception. L'Éducation nationale, ça ne pouvait pas être ça. La CPE devait nécessairement rectifier le tir, me protéger, renvoyer le prof, me dire que ce n'était pas de ma faute.

Mais le comportement de M. Cassis n'était pas une exception. Sinon, la CPE n'aurait jamais répondu :

— Mademoiselle, vous entendez votre professeur, il faut faire attention à votre comportement et à vos tenues.

Je la vois encore : protégée par son bureau imposant, par sa stature autoritaire. Et moi devant elle, 13 ans et demi, avec mon professeur qui me traite d'allumeuse à côté de moi.

— Je souhaiterais vous voir seule.

C'est la seule solution que j'ai trouvée.

M. Cassis a donc dû partir et j'ai pu expliquer à la CPE tout ce qui s'était passé. Les remarques et les regards constants du prof. Le fait que je n'avais rien fait.

Je sais maintenant ce que la CPE aurait dû me répondre. Mais ces mots, elle ne me les a pas dits. Alors, je me les répète à moi-même, presque vingt ans plus tard, pour me donner de la force : « Vous n'avez pas besoin de vous justifier, de vous expliquer, vous auriez pu être toute nue, faire ce que vous voulez, que vous seriez toujours dans votre droit. Vous êtes libre, votre corps vous appartient, il n'est destiné à personne d'autre qu'*à vous-même.* »

Ces mots-là, les mots qui disent aux jeunes qu'iels sont libres. Les mots qu'on attend de l'école.

Mais pour moi, l'école, ça restera la réponse que m'a faite, finalement, ma CPE :

— Je comprends, mademoiselle. Mais vous savez, autant vous habituer tout de suite. Quand vous serez adulte, au travail, ce ne sera plus votre professeur, mais votre chef. C'est ça, la vie d'une femme.

Et elle m'a raconté l'histoire de sa belle-fille, harcelée par son employeur. Pour elle, c'était regrettable, certes, mais *normal.*

La seule chose anormale, bizarre, coupable, c'était moi. J'étais la victime, mais c'était moi le problème.

On pourrait me répondre que mon histoire n'est qu'une anomalie occasionnelle, que tant d'enseignant·e·s ont changé la vie de leurs élèves, les ont écouté·e·s et accompagné·e·s sur le chemin de la confiance et de l'indépendance. C'est vrai. Mais ce que j'ai compris dès la seconde, c'est qu'un·e enseignant·e qui abuse de ses élèves peut être défendu·e par sa hiérarchie. D'autant plus si c'est un homme blanc et hétéro.

Dans son livre consacré à l'éducation, l'un des meilleurs que j'ai pu lire à ce sujet, l'afro-féministe bell hooks explique qu'en tant que noire née en Amérique ségréguée, elle a appris très tôt à faire la différence entre une « éducation comme pratique de la liberté et une éducation destinée seulement à renforcer un système de domination[5] ». Ce que j'ai senti ce jour-là, c'est que l'institution scolaire sert aussi à « renforcer un système de domination ».

J'éprouve le besoin d'ajouter à cette histoire un autre souvenir d'un événement similaire, sauf que cette fois-ci, c'est ma sœur qui en a été la victime.

Elle était un peu plus jeune que moi, en quatrième, et toujours en cours de gymnastique. Ma sœur devait exécuter une figure qui avait dû être imprimée sur une feuille, avec des dessins techniques. J'imagine bien la représentation stéréotypée de la personne qui exécute la figure. Un·e enfant très binarisé·e : par exemple, un garçon blanc aux cheveux courts, mince, grand ; ou une fille blanche, élancée, avec une queue de cheval. Ma sœur était avec une amie, Morgane, un peu grosse, qui ne ressemblait pas aux figures du dessin.

Quand le prof de sport, appelons-le M. Dupoint, est passé les voir, Morgane n'a pas réussi l'exercice. Ma sœur, en revanche,

5. bell hooks, *Apprendre à transgresser*, Éditions Syllepse, Paris, 2018.

a exécuté sa roue avec aisance – elle prenait des cours de danse classique et elle était très douée en gymnastique.

Alors M. Dupoint s'est permis de délivrer haut et fort sa propre explication de la réussite de ma sœur et de « l'échec » de Morgane :

— C'est normal, c'est parce que toi t'es jolie et bien formée.

Jolie *et* bien formée.

Face à ce genre de remarques, on est épuisé·e d'avance. Il y aurait tant à dire qu'on ne sait même pas par où commencer : le regard masculin sur le corps féminin, ou plutôt le corps *féminisé*, enfermé dans une image projetée et créée de toutes pièces pour satisfaire le contrôle et la possession déguisés derrière une forme prétendument positive ; et ce que ça fait, concrètement, dans nos corps, ce mélange de dégoût, de colère et de culpabilité ; le conditionnement à l'approbation masculine aussi, comme une drogue qu'on nous inocule et qui nous contrôle pendant des années, voire toute une vie.

Aujourd'hui, j'y vois encore autre chose ; le fait que ce genre d'attitude nous sépare, nous met en rivalité entre personnes sexisées. Parce que ce n'est pas seulement l'histoire de ma sœur qui se joue ici, mais aussi celle de Morgane, et d'une norme grossophobe au nom de laquelle le corps mince est associé à la beauté et la fonctionnalité, et le corps gros à la laideur et même à l'échec.

La suite ressemble à ce qui m'est arrivé. Ma mère lance la machine aussitôt en prenant rendez-vous avec la principale du collège. Celle-ci ne réagit pas. Pour elle, il ne s'était rien passé d'anormal. Elle convie quand même le prof de sport, mais cela ne change rien : c'est la parole de ma sœur contre la sienne. Ma mère argue qu'il suffit de demander à Morgane, mais « la parole d'un·e mineur·e ne vaut pas ». Évidemment. Faudrait quand même pas faire confiance aux jeunes.

Après, c'est de pire en pire. En cours d'EPS, le prof de sport humilie ma sœur devant tout le monde, se moque d'elle, jubilant de pouvoir exprimer au vu de tou·te·s son petit pouvoir pathétique. Encore une fois, ma mère tente de dispenser ma sœur de sport, et notre médecin lui signe même un papier officiel.

Dans cette situation, la dispense, c'est un peu comme un contre-pouvoir rassurant qui nous rappelle que tout n'est pas irrémédiable. Face au pire, il y a toujours une voie de sortie. Je pense que c'est justement cette possibilité que l'institution n'a pas pu accepter. La dispense signée par le médecin est en effet immédiatement invalidée par la hiérarchie. La principale commence par convoquer ma mère au collège pour ensuite faire appel à un médecin de l'Éducation nationale. L'objectif : contester la dispense.

Ce qui arrive ensuite, c'est le pire. Ma sœur réussit finalement à obtenir une dispense en menaçant de se suicider si elle doit retourner en EPS. Le jour où iels l'apprennent, les enseignant·e·s annulent une heure de cours dans tout l'établissement. Les collégien·ne·s ont interprété ce choix comme une grève pour soutenir le prof de sport, dont la réputation avait ainsi été entachée. S'iels l'ont interprété ainsi, c'est parce que les surveillant·e·s ont présenté en ces termes aux élèves l'absence de leurs profs. Tout le monde était donc au courant de ce qui était arrivé, et à qui. Et tout le monde avait, de tout évidence, choisi son cheval de bataille.

Maintenant que je connais le fonctionnement d'un collège côté enseignant·e·s, j'imagine que ce qui a été perçu comme une grève devait être une « heure syndicale », c'est-à-dire une plage horaire consacrée à une discussion entre personnel·le·s sur une question liée au droit du travail. Il se peut que certain·e·s profs se soient prononcé·e·s « en faveur de ma sœur ». Cela ne change pas grand-chose : pour les élèves, une partie (majoritaire) des enseignant·e·s préférait défendre leur collègue qu'une élève, quitte à humilier celle-ci publiquement.

Pour cela, iels ont choisi de se servir d'une forme de combat politique, historiquement né pour défendre les droits des opprimé·e·s… afin de protéger l'oppresseur.

Je ne dis pas ça pour dénoncer le prétendu corporatisme des enseignant·e·s, ni pour les condamner à titre individuel. Ce qui me frappe ici, c'est le regard que l'école porte sur les injustices et les oppressions systémiques. Dans l'histoire de ma sœur, comme la mienne, les abus envers les personnes sexisées ne sont pas seulement possibles et fréquents, mais validés par l'école et ses représentant·e·s. Ils ne sont pas considérés comme un problème. La victime, d'autant plus quand elle appartient à un groupe minorisé, est perçue comme la coupable, celle qui doit se justifier, et qui pose problème.

C'EST À L'ÉCOLE QUE TOUT A CHANGÉ

La responsabilité de l'institution scolaire dans les oppressions qui se jouent en son sein (et en son nom) est au point de départ de ce livre. Mais je mets du temps pour y parvenir. Au début, j'éprouvais du ressentiment à l'encontre du comportement viriliste de mes élèves. Toutefois, quelque part au fond de moi, je savais que ne pouvais pas en rester là. Alors je suis allée piocher dans mes souvenirs, j'ai réfléchi, discuté, lu. Pris du recul. Le ressentiment individuel s'est dissipé, laissant place à la révolte envers un système et une institution. Une institution qui véhicule des oppressions et des privilèges.

Pour être honnête, ce qui a impulsé ma réflexion relève aussi d'un événement personnel, et pas seulement de mes lectures ou engagements politiques : ma maternité.

Cette même année, ma fille est entrée en petite section de maternelle. On lui avait acheté une belle robe pour son premier jour d'école, et un cartable avec des losanges qui brillent. Le jour de la rentrée, on était partis à l'école avec une petite chanson tirée de son dessin animé préféré en prenant de jolies photos pour documenter ce moment. On a vite déchanté. La maternelle, ça peut être merveilleux – je l'ai découvert l'année suivante –, mais aussi assez atroce ; or c'est une chose de subir soi-même les violences qu'on peut rencontrer à l'école, c'en est une autre quand c'est notre enfant qui s'y confronte. L'enfant qu'on est censé protéger, mais à laquelle on doit dire : « Ce n'est pas grave, pleure pas, il faut y retourner, tous les enfants vont à l'école. » Faire la mère tampon alors qu'on a envie de lancer des flammes, comme l'écrirait Fatima Ouassak[6].

Et puis, quelque temps après le débat au collège, j'ai appris que j'attendais un enfant. Et que celui-ci serait un garçon. Ou

---

6. Voici ce qu'écrit Fatima Ouassak : « Tempérer. Faire tampon entre le système social et l'enfant. C'est ce qui est attendu des mères. Tempérer la réaction de l'enfant face à l'injustice. Tempérer sa colère. Calmer le jeu. Ne jamais reconnaître auprès de l'enfant les humiliations et les discriminations qu'il subit, au prétexte qu'il pourrait baisser les bras et perdre ses maigres chances de s'en sortir. Au contraire, relativiser, refuser d'écouter l'enfant, le rendre responsable des violences qu'il subit : c'est à lui de s'adapter, à lui de travailler deux fois plus, à lui de faire des efforts s'il ne veut plus être victime. Être des agents au service du maintien de l'ordre social, voilà ce qui est attendu des mères. », *La Puissance des mères. Pour un nouveau sujet révolutionnaire*, Éditions La Découverte, Paris, 2020.

plutôt, que le système de différenciation sexuelle l'assignerait comme tel.

Pour moi, ça a été un bouleversement. Une vie d'oppression sexiste, ça vous forme, et ma forme à moi, c'était la colère. Et voilà que, lové à l'intérieur de mon ventre, se développait un bébé *de sexe masculin* que mon entourage se permettait déjà d'appeler « un futur homme ». Pour moi, c'était la meilleure façon de comprendre le problème de la différenciation sexuelle, de la conception binaire du genre, et du virilisme qui en découle directement. Parce que je ne pouvais pas croire que ce petit bébé pas encore né portait nécessairement en lui la masculinité d'une part, et ses dérives d'autre part.

Et progressivement, au fur et à mesure que nous vivions *ensemble*, ce n'était plus seulement que je ne voulais pas y croire, c'est que je comprenais viscéralement que le fait que mon bébé présente un « bourgeon génital vertical » à l'échographie ne le vouait pas à devenir un homme, et/ou à incarner le patriarcat.

Alors, comme d'autres parents avant moi, je me suis mise à chercher comment protéger ce bébé, comment faire pour qu'il ne devienne pas ce hamster condamné à courir éternellement dans la roue de la performance de genre, quitte à écraser tout le monde sur son passage. J'ai lu des livres sur l'éducation féministe et/ou non genrée, et j'ai compris à quel point les schémas binaires et sexistes nous enfermaient tou·te·s dans des identités figées, et si inadaptées à la vérité de ce que nous sommes qu'elles nous rendent malheureux·ses.

Et j'ai été très marquée par l'idée qui revenait en boucle dans les histoires de parents recueillies dans ces livres : « On peut essayer d'*élever nos enfants le plus loin possible des stéréotypes et assignations sexistes*, mais un jour, il y aura l'*école*. » Sous-entendu :

et tout sera perdu. Et la version rétrospective, plus fataliste : « C'est à l'*école* que tout a *changé.* » Cette crainte a de quoi bouleverser : l'école ne devrait-elle pas être la voie de la découverte, de l'émancipation, de la liberté ?

Aujourd'hui, pour des parents qui veulent transmettre une éducation libre et non sexiste à leurs enfants, l'école est un obstacle.

Comment en est-on arrivé·e·s là ? Comment l'éducation collective peut-elle représenter l'un des instruments majeurs de la reproduction des discriminations et des privilèges ?

Ces questionnements ont totalement changé mon regard sur ce qui m'était arrivé, ainsi que sur les comportements de mes élèves. Dans ma tête, la question est devenue : le geste de Thibaut avec son stick à lèvres n'est-il pas le résultat des prescriptions transmises par la société, certes, mais aussi par l'école ?

Et si c'est vrai, comment faire pour que cela change ?

Chapitre 2

Sexisme : quand l'école nous met à nos places

Quand, à l'école, des jeunes adoptent des comportements – actes ou paroles – sexistes, on blâme souvent les influences « extérieures » : la société dans son ensemble, la famille, la culture extra-scolaire et populaire… Un·e élève recourt systématiquement aux insultes homophobes ? C'est nécessairement qu'iel les a entendues à la maison ! Iel traite sa camarade de « pute » parce qu'elle porte une robe ? C'est que son père est un gros macho, sa télé toujours allumée, et qu'iel passe trop de temps sur Internet.

Le choix des coupables est toujours porteur de sens. Bien entendu, la famille, comme toutes les institutions patriarcales, est souvent un terrain de violences ; de même, la culture populaire brasse indéniablement son lot de stéréotypes sexistes… toutefois, pointer du doigt seulement la culture populaire, quand il s'agit de sexisme (ou de toute autre oppression systémique), sert davantage à reproduire une division classiste entre bonne et mauvaise culture qu'à combattre le patriarcat. Il se trouve en effet que la cishétéronormativité ou le sexisme sont également véhiculés par des instances culturelles que l'on considère *nobles*. De même, en projetant la responsabilité sur la famille, l'école se garde de s'interroger elle-même. C'est d'autant plus problématique que ces explications sont souvent alimentées par un mépris social et racial : le sexisme véhiculé par les enfants racisé·e·s ou de classe populaire est davantage pointé du doigt – c'est une réalité qui dépasse bien entendu le cadre scolaire.

Mais est-ce vraiment étonnant qu'un·e jeune finisse par tenir des propos homophobes quand l'hétérosexualité des élèves et des professionnel·le·s est systématiquement présumée par l'institution scolaire ? Quand la sexualité enseignée en cours de SVT ou d'éducation sexuelle est majoritairement, voire exclusivement, tournée vers la reproduction ? Ou quand une enseignante portant un masque aux couleurs de l'arc-en-ciel est interdite de cours par sa principale ? Quelle image du genre l'école donne-t-elle vraiment ? Quel parti prend-elle face à ces questions ? Et, plus largement, l'école apprend-elle vraiment l'égalité et la légitimité de tou·te·s ?

AU-DELÀ DE L'ÉGALITÉ HOMMES-FEMMES

Pour combattre le sexisme, on invoque souvent la lutte pour l'égalité filles-garçons – corollaire scolaire de l'égalité hommes-femmes dans la société. En reconnaissant que l'égalité juridique n'implique pas une égalité réelle entre ces deux genres, l'expression a l'avantage de pointer du doigt la persistance des hiérarchies dans la société : les inégalités salariales, par exemple, ou l'inégale répartition des « filles et des garçons » dans l'orientation.

Chercher l'égalité entre hommes et femmes devrait donc conduire à déconstruire les assignations qui enferment les individus (« t'es une fille, tu aimes le français », « t'es un garçon, tu seras ingénieur »), et soutiennent une hiérarchie sociale (« les trucs de fille, c'est moins bien que les trucs de garçons », « maman reste à la maison, pendant que papa rapporte l'argent »).

Or on ne peut pas remettre en cause la hiérarchie qui oppose filles et garçons si on ne questionne pas ce qui la produit au départ, c'est-à-dire la séparation des individus en deux genres exclusifs. Cette binarité repose sur la différenciation sexuelle, c'est-à-dire l'assignation de chaque individu à la naissance d'un sexe en fonction de critères biologiques (eux-mêmes très questionnables) conduisant à réduire l'éventail infini des identités et manières d'êtres.

Lutter seulement pour l'égalité hommes-femmes, c'est donc invisibiliser toutes les personnes sexisées, c'est-à-dire subissant le sexisme, « donc les personnes intersexes, trans, lesbiennes, gay, bisexuelles, femmes » et, comme l'écrit Juliet Drouar, « il n'y a aucune raison de placer "femmes" en premier ou de réduire par l'abréviation "LGBTQI+" la mention des autres[7]. »

QUAND L'ÉCOLE REPRODUIT LE SEXISME

L'HISTOIRE DE L'ÉCOLE HÉTÉROPATRIARCALE

Une fois n'est pas coutume, pourquoi ne pas commencer par un peu d'histoire ?

Avant les « lois Ferry » des années 1880, il n'y a pas d'organisation centralisée de l'école en France. Cela ne signifie pas, bien entendu, que les enfants ne sont pas instruit·e·s, mais que l'éducation est entièrement conditionnée à la classe sociale. Les plus riches sont souvent éduqué·e·s par des précepteur·rice·s, mais il existe aussi des écoles payantes : en ville, on a tendance

7. Juliet Drouar, *Sortir de l'hétérosexualité*, Éditions Binge Audio, Paris, 2021.

à séparer les filles et les garçons, alors qu'en campagne, iels sont mélangé·e·s, faute de place et de maître·sse·s.

Au début des années 1880, l'école devient obligatoire pour tou·te·s les enfants entre 6 et 13 ans, mais aussi gratuite et laïque. Si les filles reçoivent une éducation, cela se fait nécessairement dans des établissements séparés des garçons. Originellement, « l'école républicaine » est donc fondée sur la discrimination légale et obligatoire entre les élèves assigné·e·s filles et garçons.

Cela n'implique pas seulement de séparer les individus en fonction du genre qui leur a été attribué, mais aussi de les préparer à la place qu'iels doivent prendre dans la société. Donc : les hiérarchiser. Dans les établissements dévolus aux filles, on n'enseigne pas la même chose qu'aux garçons. Jules Ferry précise ainsi dans ses instructions qu'il s'agit de « faire acquérir aux jeunes filles les qualités sérieuses de la femme de ménage[8] ». C'est toujours lui qui écrit : « Tempérer l'égoïsme, voilà la fonction de la femme, au point de vue social le plus élevé. Mais pour exercer cette fonction, il faut qu'elle reste elle-même, c'est-à-dire qu'elle se tienne à l'écart de la vie active qui gâte le cœur, qui exalte la personnalité. Il faut qu'elle n'ait part ni aux fonctions de production ni aux fonctions de direction[9]. »

Autrement dit, voilà comment l'homme le plus représenté sur le fronton des écoles françaises voyait les femmes : des subordonnées non rémunérées au bénéfice du patriarcat. Et qu'on ne nous dise pas que c'est à cause du contexte : au même moment, d'autres représentant·e·s politiques défendaient au contraire la mixité des élèves et un enseignement commun. Le choix de Ferry était donc délibéré, politique.

---

8. Cité dans Claude Lelièvre, « L'École des garçons et celle des filles : sexisme et mixité », dans *Raison présente*, n° 146, 2e trimestre 2003.

9. *Ibidem.*

La partition des programmes n'évolue qu'après la Première Guerre mondiale : en 1924, les filles obtiennent le droit de passer le baccalauréat (et donc d'aller à l'université), et les programmes du collège et du lycée deviennent identiques entre les filles et les garçons[10]. Pour autant, iels continuent officiellement d'être éduqué·e·s dans des établissements séparés jusqu'à la fin des années 1960[11].

En EPS, on continue d'évaluer les élèves en fonction du sexe assigné

Dire que les programmes scolaires sont égalisés en 1924 n'est pas totalement correct. Aujourd'hui encore, les barèmes des examens nationaux (brevet et baccalauréat) différencient les garçons et les filles dans les activités « à dominante énergétique, mais également dans les activités de pleine nature comme l'escalade, la course d'orientation, le sauvetage, la natation longue[12] ». La raison invoquée est celle d'une différence biologique entre les musculatures des garçons et des filles.

Difficile de ne pas être sensible aux biais qui influencent cette vision, d'autant plus que les moyennes disent très peu de choses sur les spécificités individuelles de chaque enfant. Ce genre de hiérarchie, quand elle est appliquée aux plus

10. Le réseau Canopé résume l'histoire de l'école dans un document visuel et très accessible que l'on peut trouver en ligne : https://www.reseau-canope.fr/musee/fileadmin/user_upload/ECOLE_AUTREFOIS_BACHES.pdf

11. Avec quelques exceptions, comme le lycée Marcelin-Berthelot de Saint-Maur qui est mixte à partir de 1937 ; et d'autres établissements à partir de la fin des années 1950.

12. « Intégrer l'égalité dans les enseignements du second degré en éducation physique et sportive », article disponible sur le site du réseau Canopé : https://www.reseau-canope.fr/outils-egalite-filles-garcons/integrer-legalite-dans-les-enseignements-du-second-degre-en-education-physique-et-sportive.html

jeunes, dans les années où leurs corps se forment, est productrice de différences, même physiques. Et puis, pourquoi mettre l'accent sur cette seule « différence » physique ? Pourquoi pas sur la différence de taille, par exemple ? Cela montre qu'il s'agit bien d'un choix politique.

Par ailleurs, cette hiérarchie est profondément normative pour tou·te·s les jeunes. Celleux qui sont perçu·e·s comme garçons sont censé·e·s être meilleur·e·s que les filles, et sont donc stigmatisé·e·s quand iels ne le sont pas ; tandis que celleux qui sont perçu·e·s comme filles intègrent nécessairement l'idée qu'iels sont moins fort·e·s, moins susceptibles de se défendre et d'occuper l'espace public.

La partition filles/garçons organise donc le tissu des relations scolaires et fait en tant que telle l'objet d'un contrôle social. Dans le podcast *Maternelle dégenrée*, le psychopédagogue Bruno Humbeeck raconte par exemple que le préfet de sa ville circulait pour vérifier que les élèves de son collège de garçons ne rencontraient pas les élèves filles du collège voisin en dehors des heures de classe[13]. Comment expliquer une telle insistance après l'égalisation des programmes ? Il me semble que la réponse est à chercher dans la reproduction d'une vision hétéronormative selon laquelle garçons et filles ne seraient pas en mesure d'interagir en dehors de l'attirance qu'iels sont censé·e·s éprouver les un·e·s pour les autres. Et comme il faut toujours rajouter un peu de hiérarchie dans la différence, la prétendue hyperlibido des garçons leur complexifierait encore plus la tâche. Cette vision

13. Voir l'épisode du 23 avril 2021, « Cours de récréation et espace de parole », dans le podcast *Maternelle dégenrée*.

persiste encore aujourd'hui dans les propos, par exemple, d'un Alain Finkelkraut qui déclare que croiser dans la rue des jeunes filles en *crop top* le « déconcentre[14] ».

En somme, tout était fait pour orienter les interactions des jeunes de l'époque vers le mariage – et l'école jouait un rôle fondamental dans la reproduction de ces normes hiérarchiques. Parce qu'il ne s'agissait pas seulement de rendre les filles inégales aux garçons, mais aussi d'imposer l'hétérosexualité comme la seule orientation sexuelle possible, et de faire du sexe imposé à la naissance une réalité figée et naturelle. Tout cela, pour permettre ensuite aux pères et aux maris de récolter les fruits du travail de reproduction effectué gratuitement par les femmes.

Et puis, à partir de la fin des années 1960, tout change – enfin, au moins en apparence. Soudain, tout le monde se retrouve ensemble, physiquement, dans les mêmes classes. La série française *Mixte*[15], diffusée en 2021, donne à voir concrètement les bouleversements provoqués par « l'arrivée » des filles dans un lycée de garçons. Comme on peut l'imaginer, ces derniers n'accueillent pas les filles à bras ouverts. La scène de rencontre est, à elle seule, une représentation parfaite du poids du *male gaze*[16] : on y suit l'héroïne traverser lentement la cour tandis que les groupes de garçons jouent le rôle factice, pathétique et insupportable, jusque pour eux-mêmes, de l'hétéronormativité. Bien entendu, du côté des adultes, ce n'est guère mieux. Certains parents, par exemple, voient d'un très mauvais œil que leur fils travaille en binôme avec une fille, même si elle est major de

---

14. Propos prononcés sur le plateau de LCI en septembre 2020.

15. *Mixte*, série créée par Marie Roussin, et diffusée sur Prime Video en 2021.

16. Concept pensé par Laura Mulvey (théoricienne et réalisatrice), le *male gaze* – autrement dit, le regard masculin – démontre que la majorité des productions cinématographiques sont conduites par des hommes, et que par conséquent, seul le regard masculin est perceptible, mais aussi, les hommes montrent les femmes sous un angle de forte sexualisation.

promotion. De la même manière, l'enseignant de latin refuse d'interroger cette élève.

Ce que cette série révèle, dans un cadre fictionnel, c'est la grande absente de cette révolution pédagogique : la déconstruction des stéréotypes et assignations de genre. Parce que, et ça c'est la réalité, ou plutôt l'histoire, rien n'a été fait pour accompagner les jeunes, les enseignant·e·s et les professionnel·le·s dans la transformation totale de leurs rapports que provoquait la mixité. Comme l'écrit l'historien Antoine Prost, « de toutes les révolutions pédagogiques du siècle, la mixité est l'une des plus profondes. Elle oppose l'école de notre temps à celle de tous les siècles précédents. Et pourtant elle s'est effectuée sans même qu'on y prête attention[17] ».

Depuis, en un demi-siècle, les mentalités ont évolué et les enfants sont habitué·e·s à la mixité. Et pourtant, l'observation la plus superficielle de la vie à l'école – interactions, jeux, espaces, moqueries, activités… – révèle à quel point le genre reste déterminant dans les rapports. Comment pourrait-il en être autrement quand rien n'a été fait pour déconstruire les discriminations que l'institution avait elle-même formalisées ?

LES VIOLENCES SEXISTES À L'ÉCOLE : CRUAUTÉ « NATURELLE » DES ENFANTS OU REPRODUCTION DES NORMES SOCIALES ?

En 2018, le sociologue Éric Debarbieux mène une enquête de grande envergure sur les violences sexistes à l'école, commandée par l'Observatoire européen des violences[18]. L'étude réunit une

---

17. Antoine Prost, *Histoire générale de l'enseignement et de l'éducation en France*, tome 4, NLF, 1981.

18. Éric Debarbieux avec Arnaud Alessandrin, Johanna Dagorn et Olivia Gaillard, *Les Violences sexistes à l'école. Une oppression viriliste*, Observatoire européen de la violence à l'école, 2018. Rapport disponible en ligne.

équipe de sociologues qui a interrogé 47 604 élèves de 8 à 19 ans. La lecture du rapport est glaçante : on y découvre la souffrance vécue par les élèves harcelé·e·s, mais aussi les micro-violences quotidiennes qui régissent les rapports entre jeunes… et enfants.

Ce dernier aspect m'a surprise : on a souvent tendance à faire du collège le lieu paroxystique de la violence et du harcèlement. Pourtant, les chiffres vont plutôt vers une surexposition à la violence dès l'école primaire, où 52 % des élèves déclarent avoir été frappé·e·s au moins une fois en cours d'année – contre 23 % au collège. La mise à l'écart par d'autres élèves y est également une expérience fréquente puisque 47 % des enfants affirment y avoir été confronté·e·s (contre 29,3 % au collège). Précisons quand même que, comme toutes les statistiques, il s'agit bien entendu de moyennes qui ne rendent pas compte de la différence notable d'un établissement à l'autre. Personnellement, j'ai vu une différence énorme entre l'école de centre-ville de ma fille et celle de campagne. Dans tous les cas, si ces chiffres nous surprennent autant, il me semble que c'est dû à la minimisation des interactions violentes entre enfants – dont, en tant que mère, je me suis souvent rendue responsable. Pour les adultes qui les encadrent, professionnel·le·s comme parents, les disputes verbales et physiques entre enfants sont souvent perçues comme des « chamailleries » sans importance. Certes, elles le sont parfois, voire souvent ; ce que montre néanmoins l'enquête d'Éric Debarbieux, c'est que les violences scolaires ne sont pas le résultat d'une prédisposition naturelle de l'enfance à la cruauté, mais de la reproduction de normes sociales, comme le sexisme – ou le racisme[19].

---

19. Voir chapitre 3, pp. 99

Les sociologues donnent un exemple qui me semble tristement représentatif : iels ont observé que c'est vers 5 ans que les enfants commencent à refuser de se donner la main entre groupes mixtes. À la séparation s'ajoute une nouvelle dynamique, la péjoration du féminin : « Si les filles refusent de donner la main aux garçons à partir de 5-6 ans, les garçons, eux, marquent et expriment leur dégoût. Henri (7 ans) déclare que "y a que les nuls qui donnent la main aux filles"[20]. »

En une phrase, du haut de ses 7 ans, le petit Henri résume toute l'horreur implacable du système cishétéronormatif, ainsi que les continuités entre l'exigence de non-mixité qui régulait l'espace scolaire avant les années 1960 et les rapports de genre aujourd'hui. Parce que d'une époque à l'autre, malgré quelques évolutions, c'est une même dynamique qui continue de séparer les individus en deux ordres exclusifs – garçons et filles – et de les opposer. Juliet Drouar a des mots très parlants pour décrire la violence de cette logique : « Pour que cette histoire de différenciation des sexes fonctionne et perdure, il faut que l'une soit constamment renvoyée à l'autre en tant qu'opposé[21]. »

Et c'est au nom de cette classification que les petits garçons refusent de donner la main aux petites filles ; que, plus tard, la fraternité masculine se fonde sur le dénigrement des filles et des garçons qui ne correspondent pas au schéma patriarcal ; ou que, lorsqu'une petite fille est amie avec un garçon, celui-ci est automatiquement désigné comme son « amoureux » ; en somme, que l'on est tou·te·s ensemble enfermé·e·s dans cette compétition implacable pour correspondre et coller au genre qui nous a été imposé à la naissance.

---

20. Éric Debarbieux, *Les Violences sexistes à l'école, op. cit.*

21. Juliet Drouar, *Sortir de l'hétérosexualité, op.cit.*

Parce que si les enfants et les jeunes reproduisent ces normes, c'est parce que nous les leur avons apprises, comme on l'a fait avec nous avant cela, en tant que parents, proches, mais aussi enseignant·e·s. Et cela passe par les contenus scolaires, mais aussi les comportements quotidiens, non formels qui régissent les rapports de tou·te·s celleux qui fréquentent l'école. En voici quelques exemples, malheureusement loin d'être exhaustifs.

Sexisme ordinaire en salle des profs

La salle des profs, c'est tout un monde : course à la photocopieuse (chez nous, une seule pour une quarantaine d'enseignant·e·s), goûters laissés sur la table, discussions sur les élèves et les parents, moments de joie et de rires, conseils pour préparer ses cours, soutien quand on sort d'une heure difficile, discussions sur le féminisme avec des collègues politisées… mais aussi, beaucoup de remarques sexistes. En voici quelques exemples, tirés parmi tant d'autres.

En voyant quelques élèves filles réunies autour d'un jeune prof, une collègue d'un ami s'est exclamée : « Voilà M. X et sa basse-cour. » Dans la même veine, l'un de mes collègues qualifiait de « pétasses » les collégiennes en fonction de leur tenue – de nombreuses collègues femmes se permettent également ce genre de remarques.

Ces rapports affectent également les adultes. J'ai encore du mal à oublier les remarques de « dragueur lourd » de l'un de mes collègues, ou les jérémiades d'un autre qui se plaignait de ne pas pouvoir complimenter une collègue pour sa jolie robe parce qu'« on ne peut plus rien dire ». C'est ce même enseignant qui, quand je lui ai demandé si « elle était grande » (en parlant de sa voiture), a répondu comme si je parlais de son pénis, et ce devant tou·te·s nos collègues, me mettant dans une situation profondément humiliante.

Si je cite ces exemples, ce n'est pas pour remettre la faute sur les enseignant·e·s – j'imagine que ce n'est guère mieux en entreprise, dans les cabinets ministériels, à l'Assemblée nationale, dans les associations, le monde de l'art ou du cinéma –, mais pour dire, au-delà de l'anecdote, que les stéréotypes de genre ne sont pas seulement déterminants dans les rapports entre élèves : ils sont véhiculés par les adultes, et de manière plus large et plus grave, par l'institution. Cela pose par ailleurs la question du climat de travail, et de la souffrance que peuvent ressentir les personnes minorisées dans le cadre professionnel[22].

Des exercices pour apprendre la différenciation sexuelle

Les savoirs eux-mêmes sont genrés à l'école et cela, dès le plus jeune âge. À ce sujet, j'ai été particulièrement frappée par l'un des exercices que ma fille devait exécuter en petite section de maternelle. Il s'agissait d'identifier sur une image une vache et un taureau. Pas un chat et un chien, un canard et une poule. Non : une femelle et un mâle de la même espèce. La question n'avait donc aucun autre intérêt qu'inculquer aux enfants la différenciation entre le masculin du féminin. Et le pire, c'était les critères qui devaient les aider à établir la distinction : la vache, avec ses grosses mamelles, avait une posture soumise et souriante, tandis que le taureau fumait du nez, cornes dressées vaillamment sur sa tête,

22. Voir pour cela le livre de Marie Dasylva, *Survivre au taf. Stratégies d'autodéfense pour personnes minorisées*, Éditions Daronnes, Villejuif, 2022.

comme s'il était prêt à charger. La femelle gentille et maternelle, le mâle dominant et en colère : voilà les indices que l'on avait donnés aux enfants pour qu'iels puissent mener à bien leur exercice.

Dans la version collège, cela donne cette consigne, extraite d'un manuel de français de cinquième consacré à « La chanson de geste ou la gloire des chevaliers » : « Expliquer en quoi les deux images de femmes données dans cette page sont rassurantes pour les guerriers éloignés de leur foyer[23]. » Encore une fois, une question sans autre intérêt pédagogique que d'asseoir des rôles genrés – d'autant plus qu'elle s'accorde très mal avec la réalité du Moyen Âge, époque où les femmes, contrairement à ce qu'on a l'habitude de dire à l'école, disposaient d'une certaine liberté, notamment professionnelle[24].

À la définition de ce que doivent être une fille ou un garçon s'ajoute l'organisation de leurs rapports ensemble. En un mot : l'injonction à l'hétérosexualité – soit l'idée que la gentille vache ne peut être véritablement accomplie que si elle s'accouple avec le menaçant taureau. Cela passe par exemple par la représentation de la sexualité, toujours orientée vers la reproduction, la binarité sexuelle des corps représentés, les cours d'éducation sexuelle[25], mais aussi l'invisibilisation des sexualités non hétérosexuelles. Le Moyen Âge, en cours de français, c'est toujours l'amour courtois qui réunit le chevalier à sa dame ; mais pourquoi donc ne nous dit-on jamais que *La Chanson de Roland* ce sont aussi des rapports entre hommes ? « Sire Olivier, je ne vous le cache plus, / Je vous aime plus que tout homme né de

---

23. Manuel de français de 5e, Bordas, Paris, 2010.

24. Titiou Lecoq en parle très bien dans *Les Grandes Oubliées. Pourquoi l'Histoire a effacé les femmes*, L'Iconoclaste, Paris, 2021.

25. Voir le livre extraordinaire de Gabrielle Richard, *Hétéro, l'école ? Plaidoyer pour une éducation antioppressive à la sexualité*, Éditions du remue-ménage, Montréal, 2019. Voir également l'entretien avec l'autrice à la fin de l'ouvrage, dans la partie intitulée « Entretiens ».

femme. » À quoi répond sire Roland : « Je suis heureux de vous donner ma sœur [...] / Maintenant, déplacez ce heaume vert / Afin que nous puissions échanger baisers et accolades. / Alors ils retirèrent leur armement / Et s'échangèrent avec joie des baisers sincères / Assis tous deux sur l'herbe verte dans le pré[26]. »

Plans de classe et responsabilisation des filles

La partition entre la fille gentille et rassurante et le garçon turbulent se trouve concrétisée dans les plans de classe pratiqués traditionnellement au collège. Pour réduire les bavardages, en début d'année, on attribue souvent des places fixes aux élèves en réunissant un garçon et une fille sur une même table. On pense en effet qu'une fille et un garçon auront tendance à moins bavarder ensemble, et que la fille contribuera à *calmer* le garçon. Je ne jette pas la pierre à celleux de mes collègues qui pratiquent cette technique : je l'ai fait et je dois avouer que, la plupart du temps... ça marche. Être prof, c'est un peu comme être parent : les journées sont tellement fatigantes que, quand on trouve une technique qui fonctionne, il est difficile de s'arc-bouter sur ses principes. Alors on se dit que ce n'est pas de notre faute, qu'on ne fait que réagir à un état de fait qui existe déjà dans la société.

Le problème c'est que, quand on sous-entend que la fille est là pour calmer le garçon, on ne se contente pas de réagir à une réalité qui nous précède : on la reproduit. On fait comprendre

26. Extrait de *La Chanson de Roland*, cité par Juliet Drouar dans *Sortir de l'hétérosexualité*, *op. cit.* Attention, parler d'homosexualité serait anachronique ici : en reprenant l'analyse de l'universitaire Louis-Georges Tin, Juliet Drouar explique : « [l'homosexualité] ne se posait pas au Moyen Âge ; les personnes avec un utérus y étaient échangées entre hommes pour donner lignée et alliance, tandis que l'amour se pratiquait entre hommes : amitiés et plus si affinités. Les sodomies n'étaient pas problématiques, car elles ne représentaient aucune menace pour le pouvoir des hommes. »

aux jeunes qu'iels ont des rôles binarisés – garçon/fille – et prédéfinis, mais aussi hiérarchisés : le garçon perturbe le cours tandis que la fille est responsable du garçon, et assiste l'enseignant·e. Cela ne paraît rien, mais ce sont justement ces petits riens qui, mis bout à bout tout au long d'une vie, conduisent les personnes sexisées à se sentir responsables de la violence des hommes cis, même quand elles sont les premières à en être victimes.

RÉPARTIR LA PAROLE

La sociologie du genre relève de nombreux autres exemples de comportements différenciés des professionnel·le·s de l'éducation envers les élèves assigné·e·s filles ou garçons[27]. La répartition de la parole est l'un des exemples les plus emblématiques. Les études montrent que les enseignant·e·s ont tendance à interroger davantage les garçons que les filles – et consacrent donc plus de temps aux premiers. Encore une fois, la gestion de classe éclaire ces comportements : on craint en effet qu'en s'ennuyant, les garçons perturbent le cours ; leur donner la parole, c'est donc éviter qu'ils s'ennuient. Ce faisant, on reproduit un cercle vicieux (si les garçons risquent de perturber le cours, c'est parce que, dès l'enfance, on leur a moins demandé d'être sages et responsables) au sein duquel les garçons finissent par croire que leur voix est plus légitime, et que, pour conserver leur droit à la parole, ils doivent se montrer menaçants.

Exercices de maternelle, plans de classe, interventions en cours ; ce sont des petites choses dans le grand tout de

---

27. Voir notamment le livre d'Isabelle Collet, *L'école apprend-elle l'égalité des sexes ?*, Belin, Paris, 2016.

nos vies ; des petites choses, c'est vrai, mais un grand enjeu : apprendre sa propre légitimité, et celle des autres, au sein du monde social. C'est pour ces raisons que l'on parle de plus en plus de la nécessité d'aménager les espaces où circulent les jeunes.

Pourquoi il faut des cours de récréation non genré·e·s

Prenons l'exemple des cours de récréation. En France, elles s'organisent traditionnellement autour d'un espace central, dévolu la plupart du temps au foot, ou à un autre jeu de ballon, autour duquel gravitent des espaces périphériques. Ces espaces sont genrés : au centre, on trouve habituellement une majorité de garçons, et sur les côtés, les filles, ainsi que les garçons qui ne se conforment pas aux normes de genre traditionnelles. Genrés et aussi très inégaux : les études rapportent ainsi que, si l'on ne fait rien, 80 % de l'espace est occupé par 20 % des enfants ; les autres, relégué·e·s sur le côté, sont moins visibles.

Les conséquences d'une telle disposition sont nombreuses et surtout très lourdes. Les filles s'habituent à croire qu'elles doivent rester sur le côté, en observation, qu'elles méritent moins d'espace, qu'elles doivent faire moins de bruit. Un garçon ne se sentira pas plus libre pour autant : s'il échoue à remplir le rôle du dominant qui accapare tout l'espace, il risque de subir les habituelles moqueries qu'on réserve aux garçons qui excèdent la norme masculine. Et c'est ainsi que, jour après jour, les enfants intègrent les injonctions du patriarcat.

L'ORGANISATION DES COURS DE RÉCRÉATION VUE PAR UNE GÉOGRAPHE DU GENRE

« J'observe depuis dix ans les garçons et les filles jouer dans les cours de récréation. Si je devais résumer ce que j'observe, je dirais que la mixité est l'exception. L'organisation, très répandue, des cours avec un terrain de foot contribue grandement à cette ségrégation : les garçons occupent une place centrale, alors que les filles sont reléguées aux coins. Elles sont invisibilisées ; même si elles sont nombreuses, on ne les voit pas. Sur les dessins des enfants, les filles sont souvent représentées dans les toilettes, donc un endroit privé. […] Quand on demande aux enfants de dessiner leur cour de récré, le terrain de foot apparaît toujours au centre, même s'il ne l'est pas. Dans l'esprit des garçons comme des filles, le terrain de foot crée une échelle de valeurs de ce qui est important, à savoir les garçons, et de ce qui ne l'est pas, c'est-à-dire les filles. Cela montre à quel point le foot est le jeu dominant. […] Sous couvert de cela se noue la question des garçons qui ne jouent pas au foot, et que l'on va traiter de filles. Le sexisme est lié à l'homophobie. On se fait traiter d'homosexuel ou on se fait traiter de fille. C'est le même processus : celui qui fait la part belle à la domination et à l'hétéronormativité, un processus d'infériorisation qui est lié au fait d'être perméable au monde des filles. »

Extraits d'un entretien donné au *Monde* par Édith Maruéjouls, « Dans les cours de récréation, les filles sont invisibilisées ». Propos recueillis par Cécile Bouanchaud, 16 septembre 2018.

Il existe un moyen assez simple de sortir de ce cercle vicieux : réguler les espaces. C'est ce que font de plus en plus de communes en aménageant des *cours non genrées*. Au lieu de diviser l'espace récréatif en deux alternatives exclusives, on peut ainsi organiser une multitude de petits lieux et activités perçues comme non genrées – lecture, danse, conversations, mais aussi silence, etc. – au sein desquels les enfants peuvent s'épanouir et se sentir réellement libres.

L'institution scolaire a donc un rôle fondamental à jouer dans la lutte contre les oppressions. Le problème, c'est que très souvent, l'école ne se contente pas de *reproduire* des discriminations de genre ; elle les défend. Et ce faisant, elle les légitime.

QUAND L'INSTITUTION SCOLAIRE FREINE NOS LUTTES

LE DISCOURS OFFICIEL SUR LE SEXISME

En apparence et selon les discours officiels, le combat contre le sexisme est censé représenter une priorité pour l'Éducation nationale. La « prévention des LGBTphobies », et « l'égalité filles-garçons et prévention des violences sexistes et sexuelles » figurent par exemple dans la rubrique « Citoyenneté et valeurs de la République[28] » sur le site officiel du ministère, à côté d'« agir contre le racisme et l'antisémitisme », « la laïcité », « l'éducation à la défense », « l'éducation économique, budgétaire et financière ». Bien qu'il me soit personnellement difficile de ne pas tiquer quand je m'aperçois que les luttes contre le sexisme, le racisme, l'antisémitisme et les LGBTphobies sont intégrées aux « valeurs républicaines » au même titre que l'éducation à la défense (en partenariat avec l'armée) ou l'éducation à l'économie (en partenariat avec la Banque de France), j'ai été néanmoins surprise par les déclarations de bonnes intentions.

Concernant les « LGBTQphobies », on peut ainsi lire que « l'Éducation nationale a pour mission de prévenir toutes les manifestations d'homophobie et de transphobie au sein des établissements scolaires et de veiller à l'inclusion des élèves LGBTI+ ». Les violences sont par ailleurs pensées comme un continuum, des micro-agressions au harcèlement, en lien avec « les représentations normatives de la masculinité et de la féminité » qui « sont à l'origine de manifestations très diverses et plus ou moins explicites de sexisme, d'homophobie et de transphobie dans le milieu scolaire[29] ». Les conséquences des discriminations sont par ailleurs prises au sérieux, même dans leur forme anodine[30]. Quelques actions pédagogiques concrètes sont proposées, comme la participation à des concours de sensibilisation, ou des temps forts comme la Journée mondiale contre l'homophobie, la transphobie et la biphobie, le 17 mai.

---

28. Ressources disponibles en ligne : https://eduscol.education.fr/588/citoyennete-et-valeurs-de-la-republique. Consulté le 15 mars 2022.

29. https://eduscol.education.fr/1593/agir-l-ecole-contre-les-lgbtphobies. Consulté le 15 mars 2022.

30. On peut ainsi lire que « ces agissements, semblant de moindre intensité, peuvent cependant avoir des conséquences sérieuses lorsqu'ils s'installent. Ils créent de la souffrance chez les jeunes qui subissent une homophobie et une transphobie dites "ordinaires" et *in fine* peuvent avoir des répercussions sur leur scolarité et sur leur construction personnelle ».

Quand je compare à l'époque où j'étais élève, je ne peux manquer de relever une évolution indéniable. Pour autant, les combats restent très polarisés, entre la lutte contre un sexisme traditionnel (où les victimes seraient seulement les filles) et la lutte contre les « LGBTQIphobies ». Cette séparation est bien entendu doublée d'une hiérarchisation, au détriment des personnes lesbiennes, gay, trans, bisexuelles, queer, intersexes et asexuelles. Déjà, tout simplement, parce qu'on ne parle pas de toutes les minorités de genre – les textes cités, par exemple, ne mentionnent pas les personnes bisexuelles ou queer. Et surtout, parce que « l'égalité filles-garçons » reste le combat dominant de l'institution. Rappelons par exemple que les inégalités entre filles et garçons sont la seule discrimination systémique nommée dans le « Socle commun de connaissances, de compétences et de culture », qui détermine les composantes du programme pour les différents cycles du primaire et du secondaire.

L'égalité entre filles et garçons est donc une lutte rendue *visible* à l'intérieur des établissements scolaires, et je dirais même de plus en plus visible. Et quand on analyse le vocabulaire employé, il est difficile de ne pas se rendre compte du problème. Dans les pages officielles dédiées à la question, on parle ainsi du « respect de l'autre sexe[31] ». Le terme de *respect*, que l'on retrouve par ailleurs parmi les axes de la convention interministérielle pour l'égalité filles-garçons (« transmission d'une culture de l'égalité et du respect mutuel ») me semble fortement inapproprié dans ce contexte. Appartenant au champ moral, et non politique, il véhicule l'idée que le sexisme relèverait d'une haine *mutuelle*, et pas d'une hiérarchisation par définition asymétrique.

31. https://eduscol.education.fr/1629/egalite-filles-garcons-et-prevention-des-violences-sexistes-et-sexuelles. Consulté le 15 mars 2022.

Par ailleurs, la mention de « l'autre sexe » reproduit une vision binaire qui réduit le sexisme à une opposition entre deux sexes naturalisés – et ne permet donc pas une mise à distance de la construction socio-historique du genre et du sexe.

Tout cela est donc très insuffisant ; mais pas seulement, et c'est ça le plus grave. Déjà, ces textes dénotent une absence de réflexion poussée sur le genre et les mécanismes qui conduisent au système hétéronormatif. Et ça sert une logique à la fois conservatrice – maintenir la différenciation sexuelle – et oppressive : hiérarchiser les minorités sexisées et les luttes. Enfin, l'accent mis sur l'égalité hommes-femmes ne permet pas d'interroger en profondeur les systèmes de domination conjoints que sont le sexisme et le capitalisme. Ce n'est en effet pas anodin que les combats pour l'égalité visent la plupart du temps à intégrer les « femmes », et à l'école les filles, à l'organisation du travail capitaliste et néolibéral, et donc à des systèmes exploitant d'autres personnes.

Ce sont ces insuffisances, ces contradictions, et ces freins que j'interroge dans les pages qui suivent.

Pour des formations obligatoires sur le genre

Pour combattre les inégalités, il faut déjà qu'on puisse partager les outils qui permettent de les voir. Les formations ont donc un rôle fondamental à jouer dans la lutte contre les oppressions.

Le genre structure à tel point notre éducation que ses ramifications touchent l'ensemble de nos pratiques quotidiennes : manières de parler, de nous adresser aux autres, de nous asseoir, de nous habiller, de poser notre voix, de choisir telle ou telle activité, etc. Pour s'en apercevoir, il faut commencer par déconstruire sa propre posture. C'est difficile à faire, d'autant plus dans un cadre professionnel, sans formation. Cette dernière, quand elle est bien menée, permet en effet d'asseoir un bagage théorique complexe, d'autant plus nécessaire qu'il est rarement pris en charge par l'école, mais aussi de ménager des moments de mise à distance de ses propres pratiques pédagogiques. Enfin, il ne s'agit pas seulement d'apprendre sur soi, mais de le faire ensemble, de sortir des initiatives individuelles pour passer à une dynamique collective, qui permet seule la transformation sociale.

C'est cet aspect collectif qui manque à l'institution. Au cours de la formation initiale des enseignant·e·s, il est aujourd'hui possible de choisir des modules optionnels sur la lutte contre le sexisme. Par ailleurs, les enseignant·e·s ont la possibilité de bénéficier d'une formation continue tout au long de leur carrière. Dans ce cadre également, les académies proposent des formations liées aux discriminations de genre. Celles-ci peuvent être de très bonne qualité. Voici, par exemple, ce que me rapporte une amie : « J'ai eu la chance de participer à une formation sur les stéréotypes sexistes organisée par l'Académie de Créteil. C'était vraiment passionnant et ça m'a surprise que les intervenant·e·s soient aussi sensibles à cette question (notamment un intervenant homme), et très formé·e·s sur les questions de genre (que je connais bien par ailleurs, donc j'avais peur que ce soit une formation style "lutter contre le sexisme pour les nul·le·s"). On nous a présenté de nombreuses mises en activité dans la classe à faire avec les élèves sur ces questions. Je pense que ça bouge vraiment pas mal dans plusieurs établissements grâce à des collègues intéressé·e·s par la question. Je pense donc que l'impulsion vient de la base (et pas du haut…). »

La lutte contre le sexisme est donc possible, voire très bien menée par de nombreux·ses enseignant·e·s[32] ; *mais* elle reste conditionnée au bon vouloir des individus. Ce manque est fondamental : sans prise en charge collective, la lutte contre les discriminations est vouée à rester seulement de l'ordre de la bonne action individuelle.

C'est d'autant plus grave que, même dans sa part disciplinaire et théorique, la formation des enseignant·e·s ne prend pas en compte la mise à distance des rapports de pouvoir, qu'ils soient de genre, de classe ou de race. L'historienne Laurence de Cock l'explique très bien : « Les jeunes professionnels ou professionnelles arrivent sur un terrain en ne maîtrisant rien de la construction sociale des savoirs à transmettre (le fait que ces savoirs ne soient pas totalement neutres), de leur potentielle violence symbolique (le fait d'amener les dominés à intégrer la vision du monde des dominants) ou encore de leur participation inconsciente à la reproduction sociale. C'est ainsi la plupart du temps à leur corps défendant que des enseignants et des enseignantes se font les complices d'une machine rouillée et sont aussi victimes de cette impuissance pédagogique souvent source de souffrance de chaque côté de l'estrade. Quant aux rares collègues engagés ou engagées, politiquement soucieux et soucieuses de la question de l'émancipation, ils ou elles subissent de plein fouet le discours bien rodé de la "neutralité enseignante", à savoir l'injonction à taire des engagements que l'institution assimile souvent à du prosélytisme, quand elle ne les considère pas comme une déloyauté à son égard[33]. »

---

32. Voir notamment le travail du collectif Queer Éducation, qui propose également une autoformation : https://queereducation.fr

33. Laurence de Cock, dans la conclusion du livre collectif *Les Pédagogies critiques* (sous la direction de Laurence de Cock et Irène Pereira), Agone, Marseille, 2019.

On ne pourrait mieux illustrer la contradiction d'un discours officiel tourné vers l'égalité, et l'idéologie qui soutient l'institution scolaire dans ses pratiques, mais aussi les savoirs qu'elle transmet. Si la critique de Laurence de Cock ne touche pas seulement la question du genre, elle pointe du doigt une question centrale : la responsabilité de la culture transmise par l'école dans la reproduction des inégalités.

Une invisibilisation choisie des femmes et des minorités de genre dans la culture scolaire ?

Le 3 mai 2021, deux semaines avant la célébration de la Journée mondiale contre l'homophobie, la transphobie et la biphobie, une enseignante de lettres classiques est arrivée dans son lycée près de Lyon en portant un masque sanitaire aux couleurs de l'arc-en-ciel. Les six bandes horizontales représentent la lutte contre les discriminations subies par les personnes LGBTQI+. Théoriquement, on ne peut imaginer meilleur moyen pour rendre visible auprès des élèves les minorités de genre ainsi que l'engagement de l'Éducation nationale dans la lutte contre les discriminations.

Ce ne fut pas l'avis de la cheffe d'établissement de ce lycée lyonnais. Très rapidement, elle a demandé à l'enseignante de changer de masque. On aurait pu espérer que, la nuit portant conseil, la principale soit revenue le lendemain sur sa décision absolument hallucinante. Que nenni. À huit heures du matin, elle attendait sa collègue devant les portes de l'établissement. Comme cette dernière portait encore un masque aux couleurs de l'arc-en-ciel, la cheffe d'établissement lui a tout bonnement refusé l'entrée et l'a renvoyée chez elle après lui avoir fait signer un rapport.

Voici comment cette représentante de la hiérarchie scolaire a justifié son choix dans un courrier envoyé par la suite à la principale intéressée[34] : « Je vous ai rappelé que vous deviez respecter, en tant que fonctionnaire, le principe de neutralité dans l'exercice de vos fonctions et que si vous n'ôtiez pas votre masque, je vous demandais effectivement de ne pas prendre vos classes. » Cette explication, que je trouve profondément stigmatisante, explicite clairement que le « principe de neutralité » constamment brandi par l'institution scolaire a tout à voir avec une logique oppressive d'invisibilisation des discriminations.

Après, c'est de pire en pire. Bien que la justice ait confirmé la compatibilité du masque aux couleurs LGBTQI+ avec le devoir de neutralité, le rectorat s'est gardé de condamner officiellement la décision de la cheffe de l'établissement. Quelques jours plus tard, l'enseignante a été convoquée pour un entretien au rectorat avec un représentant du syndicat SUD Éducation, deux responsables des ressources humaines du rectorat et le référent académique « Valeurs de la République ». L'enseignante a été vivement encouragée à ne pas remettre le masque « pour le bien de l'établissement ». Pour le rectorat, celui-ci représente une « provocation » qui « pouvait inciter [l]es élèves à certaines pratiques[35] ». L'un des représentants du rectorat a par ailleurs qualifié l'appartenance à la communauté LGBTQI+ d'« obédience », terme qu'on emploie habituellement pour désigner la fidélité à un ordre religieux ou politique.

---

34. Ces propos sont tirés d'un article du journal *Libération*, qui a validé l'authenticité du courrier. Voir : « Dans le Rhône, une enseignante interdite de cours en raison d'un masque arc-en-ciel », *Libération*, par Maïté Darnault, 20 mai 2021. Consulté le 16 mars 2022.

35. Ces propos ne sont pas officiels, ils sont rapportés par l'enseignante à *Libération* et reproduits dans l'article précédemment cité.

Curieux choix de mots et qui révèle en réalité *l'obédience* de l'institution scolaire elle-même pour une vision oppressive du genre.

PETITE FILLE : ÉCOLE ET TRANSPHOBIE

Ce qui m'a le plus frappée dans *Petite fille,* le documentaire réalisé par Sébastien Lifshitz et sorti en 2020 racontant le parcours d'une enfant trans, Sasha, c'est le refus de l'école, et plus particulièrement du directeur et de la maîtresse, de reconnaître que Sasha est une fille. Ici, impossible de mettre la faute sur la société dans son ensemble, la famille, ou la cruauté et l'intolérance des enfants. En effet, ces dernier·ère·s n'ont pas de problème avec Sasha. Cela nous montre bien les responsabilités de l'institution scolaire, donc des adultes, mais aussi de la hiérarchie, dans les discriminations contre les personnes trans.

Le plus insupportable, c'est que c'est justement l'invisibilisation des personnes minorisées qui relève de l'*obédience*, du choix politique. C'est ce que montre Titiou Lecoq dans son livre consacré à l'éradication des femmes de l'histoire officielle[36]. Dans cet essai libérateur et documenté, l'essayiste féministe détricote tout ce qu'on nous a appris à l'école. On comprend alors que la préhistoire, c'est un peu plus compliqué que les femmes mamans dans la caverne et les hommes virils à la chasse, que la première trace d'un écrit littéraire connu vient d'une femme, que la France a connu des reines puissantes, que les femmes

36. Titiou Lecoq, *Les Grandes Oubliées, op. cit.*

du Moyen Âge exerçaient toutes sortes de métiers et que c'est plutôt le XIXe siècle qui a consacré leur claustration dans le foyer. Les femmes ne sont donc pas une annexe de l'histoire : elles ont écrit, travaillé, combattu, régné, milité.

Pourquoi, dès lors, n'apprend-on pas leur existence à l'école ? Pourquoi dans un manuel d'histoire utilisé en 2019, les femmes n'apparaissent-elles que dans 6 pages sur 277[37]? Pourquoi, dans le programme de bac de français de première, ne lit-on que 3 femmes sur 12 auteur·rice·s ? Pourquoi, quand, en 2022, on passe le concours d'agrégation pour devenir enseignant·e, n'étudie-t-on que 2 autrices sur 14 auteur·rice·s ? C'est une liste que l'on pourrait décliner à l'infini – d'ailleurs, *a fortiori*, pour les autres personnes sexisées ; ce qui est certain, c'est que l'histoire officielle, celle des manuels, celle qu'on apprend à l'école, n'a rien de neutre ni d'objectif. Bien au contraire : c'est un choix politique consistant à éradiquer de nos imaginaires celleux qui ne correspondent pas à l'identité dominante qui n'a de neutre que le nom.

Le savoir, c'est déjà tout changer. C'est rendre possible l'écriture d'une contre-histoire, la nôtre, celle de toutes les personnes invisibilisées, minorisées, dépossédées. Une histoire qui fera sentir à chaque enfant, qu'iel a sa place, et qu'iel est légitime à changer le monde, à transformer la société, à être heureux·se. L'école, en cela, peut être un levier formidable ; à condition qu'elle cesse de reproduire des inégalités, et qu'elle devienne, dans nos mains et par nos voix, l'outil de notre émancipation collective.

37. Exemple d'un manuel d'histoire Hachette, spécial réforme du lycée (2019), choisi au hasard par Titiou Lecoq.

Témoignage : visibiliser les minorités, c'est militer

Voici le témoignage d'une amie, professeure agrégée d'espagnol, et membre du jury d'admission pour un concours d'enseignement.

« Ma première participation à un jury de concours de l'enseignement a été un moment de questionnement sur ce rite de passage de ce qu'on devrait attendre d'un·e enseignant·e. Plus les jours passaient moins les compétences disciplinaires me paraissaient importantes et plus la posture des candidat·e·s et leur capacité à incarner un repère bienveillant me semblaient centrales. Mais le jury est divisé sur ce point, souvent selon un critère générationnel. J'ai assisté à des commentaires aux antipodes de l'exemplarité qu'on demande pourtant aux candidat·e·s. Le plus marquant a été lorsqu'une candidate s'est fait reprendre pour avoir accordé au féminin "l'enseignant·e" dans son analyse de séquence. Un membre du jury l'a interrompue pour lui demander : "Vous êtes une militante féministe, mademoiselle ?" Évidemment, puisqu'il s'adressait à elle en l'appelant "mademoiselle", il n'y avait pas d'équivoque sur la réponse qu'il attendait. Surprise et manifestement effrayée d'avoir commis une erreur, elle s'est excusée et a répondu "pas du tout". Le fait qu'elle s'en défende par réflexe m'a fait réfléchir sur ce contexte du concours et la hiérarchie dans cet échange. Surtout, je m'en suis voulue de faire partie de ce système qui nous pousse à renier et à stigmatiser les principes qui devraient être au cœur de notre mission. Même si je suis intervenue, je sais que le mal était fait et que ce collègue faisait – quoi que je dise – figure d'autorité en sa

qualité d'inspecteur, d'homme, plus âgé, et qu'elle retiendrait cette scène comme une humiliation.
Le message de stigmatisation du féminisme, qu'il voyait d'ailleurs derrière cet accord pas si anodin, semblait clairement dire à la candidate qu'elle n'avait pas le droit de se projeter en tant qu'enseignant·e. Avec le recul, puisqu'on était là pour envisager l'intégration de cette personne au corps enseignant, la violence de ce refus témoigne du fait que ce membre du jury se sentait pleinement le droit de balayer d'un revers de main ce qui le dérangeait, consciemment ou pas : la possibilité que cette candidate conçoive que "le professeur" puisse être une femme. Sans parler du fait que le féminisme n'a selon lui pas sa place dans l'éducation ! La délibération a débouché sur un débat qui n'a fait que révéler l'ampleur de nos désaccords, et comme il fallait s'y attendre c'était à mon tour de recevoir les moqueries et de voir ma défense du principe réduite à une "solidarité féminine". Après la colère, cette expérience consternante m'a finalement convaincue de l'importance de rester dans ce jury pour que les candidat·e·s sentent des postures différentes, mais aussi pour dénoncer ce type de propos tristement courants. »

LA LANGUE ENSEIGNÉE À L'ÉCOLE DOIT PARLER DE NOUS

Pour ce faire, nous avons besoin de récits, de parole, d'écriture. Nous avons besoin que l'histoire parle de nous ; que le langage, que l'écriture parlent de nous. Nous avons besoin d'une écriture inclusive.

QU'EST-CE QUE L'ÉCRITURE INCLUSIVE ?

La première chose à savoir, c'est qu'il n'y a pas une écriture inclusive, qui imposerait des solutions toutes faites, mais des écritures inclusives, à penser comme un projet collectif.

L'objectif de l'écriture inclusive n'est pas de féminiser la langue, mais de la démasculiniser, c'est-à-dire de riposter contre « l'assaut de grammairiens masculinistes[38] » du XVIIe siècle, qui ont imposé à ce moment-là la règle du « masculin l'emporte sur le féminin », mais aussi condamné des mots comme « autrice ». Pour eux (pas besoin d'écriture inclusive ici !), les choses sont claires : « Le genre masculin est réputé plus noble que le féminin à cause de la supériorité du mâle sur la femelle[39] », écrit plus tard, en 1767, l'académicien Nicolas Beauzée dans sa *Grammaire générale*.

Dès lors, l'écriture inclusive fait apparaître plusieurs chantiers de modifications possibles :

- La féminisation des métiers, et notamment des métiers que l'on a réservés jusqu'ici aux hommes. D'où l'importance du mot « autrice » !

- La transformation de la règle de l'accord du « masculin l'emporte sur le féminin ». Plusieurs solutions existent, la double flexion (« enseignants et enseignantes), le point médian, que l'on peut utiliser de différentes manières.

- L'ajout de nouveaux pronoms, comme « iel/iels ». Ceux-ci servent de pronoms neutres (quand on ne connaît pas le genre d'une personne, ou pour désigner un groupe

38. Maria Candea et Laélia Véron, *Le français est à nous ! Petit manuel d'émancipation linguistique*, Éditions La Découverte, Paris, 2021.

39. Cité dans *Le français est à nous !*, *ibidem*.

mixte), mais aussi de pronoms non binaires, afin de dessiner une voie de sortie, dans et par le langage, de la binarité de genre.

Aujourd'hui, le plus grand frein à l'écriture inclusive, c'est l'école. Pas les enseignant·e·s, qui la pratiquent de plus en plus, mais *l'école* en tant qu'institution. Comme toute réalité politique, c'est amené à changer, mais cela a été vrai un jour, et plus précisément, en 2021, quand quelques jours avant de participer à la Journée mondiale contre l'homophobie, la transphobie et la biphobie, le ministre de l'Éducation nationale a interdit formellement l'emploi de l'écriture inclusive, et plus précisément du point médian[40], pour les professionnel·le·s d'éducation. Heureusement que la politique ne peut pas tout face au changement social : quelques mois plus tard, le dictionnaire *Petit Robert* introduit pour la première fois le pronom « iel ». Ce contre quoi le ministre de l'Éducation nationale s'insurge encore une fois : son utilisation, selon lui, s'oppose à l'apprentissage des savoirs fondamentaux. Comme il l'écrit sur Twitter, « l'écriture inclusive n'est pas l'avenir de la langue française[41] ». Le prétexte est toujours le même et, s'il n'était pas incohérent, il serait presque bien trouvé : l'écriture inclusive serait trop compliquée pour les élèves.

C'est un argument qui résiste difficilement à un examen approfondi. D'abord, si une orthographe accessible était la priorité du ministre, alors pourquoi s'être insurgé en 2018 sur le

40. Voir la circulaire NOR : MENB2114203C du 5 mai 2021 : https://www.education.gouv.fr/bo/21/Hebdo18/MENB2114203C.htm. Consulté le 19 mars 2022.

41. Tweet de Jean-Michel Blanquer daté du 16 novembre 2021.

« manque d'ambition de l'école[42] » concernant l'enseignement du passé simple, diablement plus difficile à employer aujourd'hui que l'écriture inclusive ? En fait, aujourd'hui comme hier, l'opposition du pouvoir à l'écriture inclusive n'est pas fondée sur des critères linguistiques, mais politiques.

J'ai corrigé des copies de collégien·ne·s, et si je me permets d'invoquer ici cet argument d'autorité, ce n'est pas pour déplorer l'orthographe des jeunes, mais pour dire que ce qui est compliqué pour les élèves, ce n'est pas le projet de l'écriture inclusive, c'est le sentiment d'étrangeté qu'iels sont nombreux·ses à éprouver face à l'enseignement d'une langue devenue figée, rigide, et qui n'inclut pas une grande partie d'entre elleux.

À la sortie du premier confinement, j'avais proposé à mes élèves de troisième un cours sur le sexisme véhiculé par la langue française actuelle. Il s'agissait d'observer des phénomènes simples comme l'injustice de la règle d'accord, ou la dissymétrie sémantique de certains mots au féminin (coureur/coureuse ; courtisan/courtisane). C'était le cours où iels avaient été le plus réceptif·ve·s à la réflexion linguistique. Pour une fois, iels ne se sentaient pas corrigé·e·s, mais impliqué·e·s. En un mot : inclus·e·s.

Pour moi, si on la présente pour ce qu'elle est, c'est-à-dire un projet collectif, l'écriture inclusive pourrait être un outil de réappropriation de la langue, un moyen pour les jeunes de se rendre compte qu'écrire peut être intéressant, important, utile ; que c'est un pouvoir et qu'il leur appartient.

Mais donner le pouvoir est chose dangereuse pour celleux qui dominent ; et, pour paraphraser Emma Goldman, si l'école

42. Jean-Michel Blanquer, « Le passé simple est une exigence de justice sociale », tribune au *Parisien* du 15 avril 2018 : https://www.leparisien.fr/societe/jean-michel-blanquer-le-passe-simple-est-une-exigence-de-justice-sociale-15-04-2018-7664985.php. Consulté le 9 décembre 2021.

servait à se libérer du sexisme et de tous les systèmes de domination, cela ferait longtemps qu'elle serait interdite[43]. Or, au sein de l'institution scolaire comme de notre société, le sexisme perdure, justement parce qu'il sert l'ordre social, il permet de distribuer des places, de hiérarchiser les personnes, divisées en « femmes et hommes »... mais pas seulement. En effet, toutes les personnes perçues comme femmes ne sont pas traitées de la même manière : le critère racial s'ajoute en effet à la division sexiste et forme une conjonction d'oppressions bien particulière.

L'ÉCOLE À L'ÉPREUVE DU FÉMONATIONALISME

L'un des sujets qui font le plus polémiques quand on parle de l'école, c'est le vêtement.

Ce n'est pas nouveau : dès ses débuts, l'institution scolaire a contrôlé les vêtements de celleux qui fréquentent l'école. Si, pour désigner les premier·ère·s instituteur·rice·s de l'école républicaine, on parle de « hussards noirs de la République », c'est justement parce qu'iels portent un uniforme, constitué d'une redingote et d'une casquette noire pour les hommes (non sans rappeler les habits des curés) ; les femmes, elles, sont également

43. Emma Goldman : « Si voter changeait quelque chose, il y a longtemps que ce serait interdit. »

en noir et portent « robe, manteau de drap, tablier à empiècement montant et aux manches boutonnées[44] ».

Sans surprise, la tenue des femmes fait l'objet depuis toujours d'un contrôle spécifique. Si, aujourd'hui, les directeur·rice·s d'établissement ne sont plus autorisé·e·s à mesurer à la règle la longueur des jupes des filles comme on le faisait encore dans les années 1960, les tenues vestimentaires des filles restent l'objet d'un contrôle, comme l'atteste la polémique des *crop top*. Celle-ci naît à la rentrée 2020 : en réaction aux remarques, voire interdictions, qu'elles subissent à propos de leurs vêtements dans les établissements scolaires, publics comme privés, des lycéennes se mobilisent à travers la France pour défendre le droit de s'habiller comme elles le veulent, même en *crop top* (littéralement « tee-shirt coupé » en anglais). Le règlement des établissements publics maintient un flou à ce sujet – on parle en général de tenue « décente » – qui laisse une marge de manœuvre individuelle aux chef·fe·s d'établissement. Du côté du gouvernement, les choses sont plus claires : le ministre de l'Éducation nationale appelle ainsi les filles à revêtir une « tenue républicaine », expression qui n'a pas manqué de déclencher les rires et la colère des féministes. Quelques mois plus tard, c'est le président de la République qui explicite « l'obédience » du gouvernement : « À l'école, je suis plutôt "tenue décente exigée"[45]. »

À cette tentative ancrée dans le temps de rhabiller les filles, s'oppose une logique inverse : les déshabiller, ou plutôt, les dévoiler.

En étudiant l'histoire du foulard islamique à l'école, la première chose qui m'a frappée, c'est que, pendant longtemps, la

---

44. Laurence Biberfeld et Grégory Chambat, *Apprendre à désobéir. Petite histoire de l'école qui résiste*, Libertalia, Montreuil, 2019.

45. Citation tirée de l'entretien d'Emmanuel Macron donné à *Elle* le 1er juillet 2021.

laïcité ne permettait pas de l'interdire à l'école. Cette restriction est à tel point rentrée dans les mœurs, même quand on la conteste, qu'on oublie qu'elle est le résultat d'une lutte active de la part des gouvernant·e·s contre les femmes portant le foulard.

Tout commence, si je puis dire, en 1989, quand le principal d'un collège de Creil interdit à trois élèves de porter le foulard islamique au sein de l'établissement. D'autres affaires médiatiques éclatent dans les mois qui suivent. Le 27 novembre 1989, un arrêt du Conseil d'État estime que le port du foulard islamique n'est pas incompatible avec le principe de laïcité. On laisse néanmoins aux chef·fe·s d'établissement la possibilité de décider au cas par cas. Ainsi, « de 1994 à 2003, cent filles environ ont été exclues de collèges et de lycées publics pour port de voile islamique. Dans un cas sur deux environ, ces expulsions furent annulées par les tribunaux[46] ».

Jusqu'en 2004, d'un point de vue strictement juridique, la laïcité n'est donc pas contradictoire avec le port du foulard islamique à l'école : n'étant pas des représentant·e·s de l'État, les élèves ou les mères ne sont pas tenu·e·s de cacher leurs convictions. Il faut attendre l'intervention politique de Jacques Chirac pour que le foulard islamique soit définitivement exclu de l'espace scolaire ainsi que le port de tous les signes religieux « ostentatoires ». En 2013, l'État affermit l'appareil juridique, avec la Charte de la laïcité, document affiché dans tous les établissements scolaires publics.

Les élèves ne sont pas les seul·e·s à passer sous le coup de la loi : c'est le cas des enseignant·e·s, bien entendu, mais aussi des parents d'élèves. En mai 2019, dans le cadre de la loi « pour une

---

46. Samia Langar, *Islam et école en France. Une enquête de terrain*, Presses universitaires de Lyon, Lyon, 2021.

école de la confiance », la majorité sénatoriale adopte un amendement qui interdit le port de tout signe religieux « ostentatoire » aux accompagnant·e·s lors des sorties scolaires. Autrement dit, parce qu'il faut dire les choses clairement, les mères musulmanes portant le foulard n'ont pas le droit de s'impliquer de la même manière que les autres dans la scolarité de leur enfant.

Si le foulard islamique cristallise l'attention, notamment à l'école, ce n'est pas le seul domaine où les femmes perçues comme musulmanes sont scrutées et contrôlées. En février 2021, peu après avoir appelé les filles à revêtir une « tenue républicaine », Jean-Michel Blanquer et Marlène Schiappa lancent une enquête pour « évaluer » les certificats médicaux d'allergie au chlore qui seraient prétendument utilisés par les jeunes musulmanes et leurs familles afin d'éviter les cours de natation obligatoires à l'école, et donc le port du maillot de bain.

De la longueur des jupes des filles, en passant par les *crop top*, jusqu'au foulard et au maillot de bain, le corps des femmes et des personnes sexisées ne cesse d'être pointé du doigt, mais surtout contrôlé par l'école et la société patriarcale. Cette surveillance, dont l'illégitimité ne fait pas de doute, est la première explication qu'on peut donner à cette logique contradictoire qui consiste à demander aux jeunes filles de se rhabiller en septembre pour exiger ensuite qu'elles se déshabillent en février. Parce qu'elle interroge la place du consentement à l'école, cette interprétation me paraît fondamentale… mais encore insuffisante.

Elle ne permet pas, en effet, de donner un sens à la seconde explication invoquée pour contrôler les femmes musulmanes. À l'argument officiel de la laïcité, et qui permet seul, depuis 2004, de légiférer, se rajoute depuis quelques années un argument idéologique surprenant dans la bouche de celleux qui l'emploient : le féminisme.

C'est ce qui fait dire, par exemple, à Jean-Michel Blanquer, à propos du foulard des accompagnatrices scolaires, que « le voile n'est pas souhaitable dans notre société » parce que ce qu'il « dit sur la condition féminine n'est pas conforme à nos valeurs[47] ». Le ministre qui a donc interdit l'écriture inclusive, défendu que les tenues des filles devaient se conformer à un modèle *républicain*, déclaré en 2017 que « la France a toujours été à la pointe du féminisme », condamné le *wokisme* des féministes intersectionnelles et anticapitalistes, se découvre donc féministe quand il s'agit d'islam.

C'est un argument qui dépasse les frontières politiques (du moins certaines) : Marine Le Pen, présidente du Rassemblement national, et dont les positions sur l'avortement sont connues de tou·te·s, déclare sans ambages être d'accord avec le ministre de l'Éducation nationale quand il s'agit d'interdire le foulard aux accompagnatrices scolaires. Ici aussi, le féminisme s'invite soudain à la porte : « Parce que le voile, ce n'est pas une casquette ou un serre-tête. C'est une réclamation, depuis des décennies d'ailleurs, des frères musulmans, de voiler les femmes. » Par la suite, la femme politique explicite son propos : « Attention, la liberté des femmes, ça n'est pas un acquis. On peut vivre des très graves régressions. […] Je pense que c'est donc à nous, société française, de mettre les limites. Et la limite, elle passe par l'extension de l'interdiction du voile aux accompagnatrices des sorties scolaires[48]. »

47. Propos prononcés le 13 octobre 2019 sur BFM-TV, et rapportés dans *Le Monde*, 13 octobre 2019, « Pour Jean-Michel Blanquer, le voile islamique n'est pas souhaitable dans la société ».

48. Propos prononcés sur Europe 1, le 17 octobre 2019, « Marine Le Pen : "Le voile n'est pas un bout de tissu anodin, c'est un marqueur de radicalité" ».

Ces propos ne sont pas l'effet d'un enthousiasme passager. Ils s'inscrivent dans un ensemble de discours et d'évolutions politiques qui dépassent le cadre de l'école, et même le contexte français. La chercheuse Sara. R. Farris a étudié cette évolution politique dans un livre fondateur : *Au nom des femmes. « Fémonationalisme » : les instrumentalisations racistes du féminisme*[49]. En montrant comment, en France, en Italie et aux Pays-Bas, l'extrême droite s'est saisie de la problématique féministe, en partenariat avec les néolibéraux et certaines féministes, Sara R. Farris forge le concept de fémonationalisme, qu'on peut définir comme l'instrumentalisation raciste du féminisme. Celui-ci prend la forme d'un double discours sexiste, stigmatisant les hommes musulmans et infantilisant les femmes musulmanes. Les premiers sont en effet présentés comme les pires représentants du patriarcat et les secondes comme des victimes incapables de faire leurs choix.

Comment expliquer cet intérêt soudain et inattendu pour le féminisme et surtout son instrumentalisation raciste ? Est-ce seulement un moyen populiste de convaincre les foules à une époque où le féminisme est devenu un mouvement (relativement) à la mode ?

Pas seulement ; c'est du moins ce que révèle l'analyse passionnante et nécessaire de Sara R. Farris. En effet, comme tout système de domination, le fémonationalisme sert en fait une logique d'exploitation, qui a tout à voir avec l'économie capitaliste. En présentant une vision biaisée du droit des femmes, en essayant de « libérer » les femmes perçues comme musulmanes du poids de leur religion, mais aussi de leur famille, les

49. Sara R. Farris, *Au nom des femmes. « Fémonationalisme » : les instrumentalisations racistes du féminisme*, Éditions Syllepse, Paris, 2021.

discours fémonationalistes visent à assimiler culturellement et économiquement les femmes racisées afin de les orienter vers les métiers du soin et de la reproduction sociale ; en un mot, les tâches professionnelles dévalorisées dans le monde du travail occidental.

Et cette logique d'assignations n'est pas étrangère à l'école.

L'école, ce n'est en effet pas n'importe quel lieu. C'est l'institution qui prépare les jeunes à la place qu'iels prennent dans la société. Les manières qu'elle a d'inclure et d'exclure sont déterminantes dans l'orientation professionnelle des enfants. Le syndicat Front de mères, cocréé par Fatima Ouassak, a des mots très forts pour décrire les émotions auxquelles sont exposé·e·s les enfants dont les mères sont stigmatisées par l'école : de la « colère » et de la « honte » pour leur mère, de la honte pour elleux-mêmes, et de « la colère vis-à-vis de l'institution qui cherche à humilier [leur] mère[50] ». Ces émotions contradictoires les placent en porte-à-faux par rapport à leur famille, à elleux-mêmes, mais aussi, et peut-être surtout, à l'école qu'iels en viennent à rejeter comme un système inégalitaire, où iels n'ont pas leur place. Ainsi séparé·e·s de toute communauté de résistance, vulnérabilisé·e·s, écarté·e·s de l'école et de leur famille, dépossédé·e·s de toute estime d'elleux-mêmes, ces enfants sont assigné·e·s à occuper des places sociales dévalorisées. Parce que l'échec scolaire dont l'école se rend responsable par les exclusions symboliques et concrètes qu'elle produit a des conséquences concrètes, tangibles dans l'orientation des jeunes, et la « réduction du champ des possibles » des personnes minorisées. Ce qui se joue, ce n'est rien de moins que la complicité de l'école dans la

50. Appel du Front de mères, « Nos enfants ont-ils le droit de nous aimer (lorsque nous portons le foulard) ? » du 13 décembre 2017, cité dans Fatima Ouassak, *La Puissance des mères, op. cit.*

reproduction active des inégalités, non seulement de genre, mais aussi de race et de classe. Et qui dit reproduction des inégalités, dit exploitation.

C'est cette réalité que je voudrais déconstruire dans les prochains chapitres.

Chapitre 3

Racisme : construire l'exclusion au nom d'une (fausse) unité

Si (presque...) plus personne n'ose parler aujourd'hui de « race biologique », le racisme est loin d'avoir disparu des discours et pratiques socio-politiques. Comme l'expliquent Grace Ly et Rokhaya Diallo dans *Kiffe ta race*[51], le discours raciste a muté en une version qui essaie de se rendre plus *acceptable* au vu des normes officielles – et donc, soyons clair·e·s, plus acceptable pour les personnes qui ne le subissent pas, voire en bénéficient, c'est-à-dire les Blanc·he·s. Cela passe, par exemple, par la négation des expériences d'assignation raciale, et donc la confusion entre l'invisibilité des couleurs (« *colorblindness* » en anglais) comme idéal et l'idée selon laquelle nos sociétés seraient *effectivement* devenues non racistes ou antiracistes. Or, comme les hiérarchies raciales continuent d'exister, dire qu'on ne voit pas les couleurs, c'est nier l'expérience de celleux qui sont assigné·e·s à leur « couleur » au quotidien. Une autre forme du racisme moderne, encore plus insidieuse si c'est possible, consiste à retourner le problème, et justifier la stigmatisation des personnes racisées par le fait qu'elles se seraient *elles-mêmes* exclues des valeurs communes – qui sont appelées, au choix et en fonction du contexte, valeurs républicaines, universel, laïcité, etc.

C'est d'abord une rhétorique, avec son langage, ses mots clefs : communautarisme, particularisme, séparatisme, territoires de reconquête républicaine[52]... toutes ces expressions, ressassées comme un refrain infernal, visent à transformer l'existence des

---

51. Je fais ici référence au podcast animé par Grace Ly et Rokhaya Diallo, et commencé en septembre 2018 sur Binge Audio ; mais aussi au livre, *Kiffe ta race. Explorer les questions raciales sans tabou*, Éditions Binge Audio, Paris, 2022.

52. Voilà comment Fatima Ouassak répond à cette dernière expression dans un tweet datant du 5 décembre 2021 : « #Reconquête est un terme utilisé aussi par l'État-Macron pour parler des quartiers populaires qualifiés officiellement depuis 2018 de "quartiers de reconquête républicaine", nécessitant un renforcement policier... Le rapport colonial aux quartiers populaires : une constante. »

personnes racisées en un problème, voire une agression, pour la société. Si ce n'était que de l'ordre du discours, ce serait déjà assez grave : le pire, pourtant, ce sont les implications concrètes pour les personnes visées – comme l'exclusion des mères portant le foulard de l'espace scolaire. Et, encore une fois, l'école est l'un des terrains où cela se joue.

Ce retournement n'est pas seulement insupportable, il a une logique, un sens, une raison : maintenir l'ordre social et légitimer les systèmes de domination. Minorer la rémanence et le renouvellement des discriminations racistes pour couper l'herbe sous le pied de la révolte. Et plus spécifiquement à l'école, invisibiliser la « réduction du champ des possibles[53] » des enfants racisé·e·s, et les discriminations qu'iels subissent au quotidien.

Et c'est pour cela qu'il est crucial, encore aujourd'hui, de rappeler la *réalité* des discriminations racistes à l'intérieur de l'institution scolaire, et clamer haut et fort notre rejet de toutes ces prétendues valeurs communes qui, à l'image de l'universalisme républicain[54], si elles ne servent qu'à exclure, n'ont rien à faire dans nos luttes.

53. Expression que j'emprunte à Fatima Ouassak, *La Puissance des mères, op. cit.*

54. Et pas de l'universel concret, que l'on pourrait viser par une politique réellement anti-oppressive.

De l'importance de se situer

Pourquoi les antiracistes parlent-iels aujourd'hui de « race », de « racisé·e » ou de « racisation » ?

Historiquement, le terme « race » est au centre de l'idéologie raciste. Comment expliquer alors qu'il soit utilisé ou plutôt repris aujourd'hui par les antiracistes politiques ?

Les mots ont un sens, un poids aussi concret que les choses, d'autant plus quand il s'agit de politique. Pour y voir plus clair, il me semble utile de commencer par expliquer cette réappropriation sémantique.

D'abord, précisons quelque chose d'assez évident – mais on n'est jamais trop prudent·e ou trop pédagogue : aucun·e antiraciste politique ne veut dire que les humains se divisent en plusieurs races naturelles ou biologiques. Tout au contraire. S'iel parle de « race », c'est pour *désigner* l'effectivité des hiérarchies raciales au sein de la société. Or, pour lutter contre les inégalités et les discriminations, il faut déjà pouvoir les nommer. Les concepts critiques de « race », « racialisation », « racisation » et « privilège blanc » servent à cela : nommer les usages, dynamiques et processus sociaux du racisme afin de les combattre.

En effet, sauf à croire à la magie, ce n'est pas en supprimant un mot qu'on effacera la réalité. En 2018, la France a voté la suppression du mot « race » de sa Constitution, dans l'article : « La

France est une République indivisible, laïque, démocratique et sociale. Elle assure l'égalité devant la loi de tous les citoyens sans distinction d'âge, de race ou de religion. » Pour la sociologue Sarah Mazouz, autrice notamment d'un livre explicatif sur le mot « race[55] », les polémiques autour de la suppression de ce mot révèlent d'une *fétichisation* du terme : autrement dit, on fait comme s'il suffisait de supprimer un mot injuste pour éradiquer l'injustice. Selon elle, cela prouve « un drôle de sens des priorités – on s'en prend à cette notion plutôt qu'au racisme structurel[56] ». Pour Rokhaya Diallo et Grace Ly, « ce n'est donc pas le terme "race" qu'il faut supprimer, mais en premier lieu l'idéologie qu'il sous-tend[57] ».

La suppression de certains termes risque donc d'invisibiliser les discriminations et réduire les chances de les combattre. Comment, en effet, les personnes subissant le racisme pourraient-elles en parler si… elles ne peuvent pas en parler ? Mais aussi : comment nos sociétés peuvent-elles se remettre en question si elles n'acceptent pas qu'il y a un problème ?

Contrairement à l'accusation courante – procédant elle aussi d'un retournement fallacieux –, parler de « race » n'est pas raciste. Au contraire, il s'agit de montrer que les hiérarchies racistes sont des dispositifs sociaux ancrés dans le temps et donc essentiellement fluctuants. C'est tout le sens du terme « racisation », avec ses corollaires « racisé·e » et « racisant·e », qui servent ensemble à désigner un « processus par lequel un groupe dominant définit

---

55. Sarah Mazouz, *Race*, Éditions Anamosa, Paris, 2020.

56. Sarah Mazouz, *Race*, *op. cit.*

57. Rokhaya Diallo et Grace Ly, *Kiffe ta race*, *op. cit.*

un groupe dominé comme étant une race[58] ». Il ne s'agit donc pas de couleur de peau – dont l'usage est d'ailleurs purement symbolique – blanc/noir – mais de « la réalité de l'impact de la croyance qui conçoit un lien entre phénotype (apparence physique) et appartenance raciale supposée sur les rapports qu'entretiennent les groupes sociaux marqués par ces phénotypes[59] ».

Ces termes servent donc aujourd'hui un objectif militant afin de désigner le processus général de construction du racisme, sans que cela nous prévienne de rester attentif·ve aux particularités des vécus de chaque personne et communauté.

Qu'est-ce que le « privilège blanc » ?

En tant que système de domination et d'exploitation, c'est donc le propre du racisme d'assigner chacun·e à des rôles : non blanc·he·s… mais aussi blanc·he·s ! Or on a tendance à faire comme si les personnes blanches n'appartenaient pas, elleux aussi, à une catégorie « raciale » – catégorie qui est sociale et non biologique, encore une fois. Ce n'est pas tant un oubli que le cœur du problème raciste (et sexiste !) : « Aussi longtemps que les "Blancs" ne seront pas nommés et perçus comme un groupe "racial" (au même titre que tous les autres groupes), alors le "Blanc" sera la norme, le standard, l'universel […] et les autres groupes, d'éternelles minorités renvoyant au particulier, au spécifique[60]. »

C'est tout le sens du « privilège blanc » : non seulement bénéficier d'un système de domination, mais aussi se permettre de

58. Sarah Mazouz, *Race*, *op. cit.* Les termes « racisation », « racisé·e » et « racisant·e », devenus courants aujourd'hui, ont été introduits par la sociologue féministe et antiraciste Colette Guillaumin dans *L'Idéologie raciste*, publié en 1972.

59. Rokhaya Diallo et Grace Ly, *Kiffe ta race*, *op. cit.*

60. Horia Kebabza, « "L'universel lave-t-il plus blanc ? " » : "Race", racisme et système de privilèges », *Les Cahiers du CEDREF*, 14 | 2006, 145-172.

l'oublier. Dans une perspective qui croise antiracisme et féminisme, c'est cette invisibilisation du privilège qu'a voulu nommer et combattre l'universitaire Peggy McIntosh. La synthèse qu'elle fait du « privilège blanc » est aussi saisissante qu'éclairante : « Je pense que les Blancs ont été consciencieusement éduqués pour ne pas reconnaître le "privilège de la peau blanche", tout comme les hommes ont appris à ne pas reconnaître les privilèges masculins[61]. C'est ainsi que j'ai commencé à chercher (de manière intuitive), ce qu'est un "privilège de la peau blanche". J'en suis arrivée à percevoir ce privilège, comme un paquet invisible obtenu sans aucun mérite, et contenant des provisions sur lesquelles je peux compter chaque jour, paquet qu'on me "signifierait" de toujours oublier. Le "privilège de la peau blanche", c'est en fait un sac à dos invisible et sans poids, rempli de fournitures spéciales, cartes, passeports, carnets d'adresses, codes, visas, vêtements, outils et chèques en blanc[62]. »

Ce que Peggy McIntosh parvient clairement à faire comprendre c'est le *sens* du système de domination : celui-ci n'est pas tant fondé sur la peur atemporelle de l'Autre, comme on le dit souvent, que sur une organisation sociale basée sur des privilèges et, donc, de l'exploitation. Cela ne signifie pas, bien entendu, que toute personne blanche est raciste ; seulement qu'elle est traversée par la dynamique raciste, tout autant qu'une personne non blanche. En un mot, qu'elle n'est pas neutre.

Pour moi, comprendre cela a eu l'effet d'une petite révolution personnelle, donnant un tout nouveau sens à mes combats, et ouvrant des perspectives militantes et politiques nouvelles. En tant que personne blanche, que pouvais-je faire pour être

61. Liste que l'on pourrait poursuivre avec toutes les autres dominations systémiques.

62. Peggy McIntosh, *White Privilège : Unpacking the Invisible Knapsack*, 1989. Cité dans « L'universel lave-t-il plus blanc ? », *op. cit.*

une bonne alliée ? Non seulement contribuer à la visibilité des discriminations, mais aussi essayer de comprendre les privilèges dont j'ai pu bénéficier du fait d'être perçue comme blanche.

Me situer sur le plan racial

Au début de chaque épisode du podcast *Kiffe ta race*, Rokhaya Diallo et Grace Ly demandent à leur intervenant·e de « se situer sur le plan racial ». Si j'ai déjà parlé de mon point de vue situé en introduction, je voudrais ici le préciser en empruntant aux autrices de *Kiffe ta race* cette habitude.

Je suis une femme perçue comme blanche, née en Italie d'un père italien et d'une mère franco-anglaise, et d'identité juive. Cette dernière composante de mon identité n'est pas figée : plus affirmée pendant ma scolarité et mes études, elle a évolué aujourd'hui vers autre chose.

Contrairement à beaucoup de personnes juives, je n'ai jamais directement été victime d'antisémitisme, mais j'ai témoigné d'un nombre incalculable de remarques et de blagues antisémites. Le souvenir qui m'a le plus marquée, c'est quand j'ai trouvé dans le bureau de tabac de mon quartier un journal d'extrême droite qui faisait la liste des personnes juives célèbres en France. Ce n'est pas une blague : j'ai d'ailleurs gardé le journal pendant des années dans ma chambre comme une piqûre de rappel. Quand j'étais au lycée, le moment où mon identité juive a été le plus affirmée, je l'ai affichée davantage : pour moi, cela passait par exemple par le fait de lire beaucoup de penseurs et de penseuses juif·ve·s, de parler de l'exégèse juive dans mes copies de philosophie, et même de calligraphier le nom de Dieu avec un point médian : « D·ieu ». Cet usage, qui n'a bien entendu rien à voir avec l'écriture inclusive, permet de répondre au commandement qui stipule qu'il ne faut pas « invoquer le nom de Dieu en vain ». Je ne le faisais pas tant par religion que par « provocation » ou, plus précisément, parce que je me sentais très mal à l'aise avec le discours universaliste et laïciste véhiculé par l'école. C'était une manière pour moi d'affirmer ma place, mon existence en décalage, dans un contexte qui, tout en se présentant comme laïc, permettait à un chrétien de pratiquer plus facilement sa religion que moi. Pas de repas végétarien à la cantine, encore moins de viande *casher* ou *halal,* mais du poisson tous les vendredis (c'était le cas dans mon lycée). Des difficultés à rater les cours les jours de fêtes juives qui ne sont pas comptabilisées dans le calendrier scolaire, mais pas d'école les jours de fêtes chrétiennes. Cette situation m'a rendue sensible aux contradictions du discours laïc, mais aussi à la violence des discours adressés aux musulman·e·s, toujours stigmatisé·e·s sur ces questions.

Parce que je suis perçue comme blanche, j'ai bénéficié, tout au long de ma vie, de privilèges innombrables. Toutefois, en tant qu'Italienne ayant vécu mes premières années en Italie, j'ai pu ressentir la xénophobie latente de la société française : pour ne prendre que deux exemples, j'ai été traitée de « ritale » à l'école peu après mon arrivée en France, et on me demande souvent de parler moins fort dans les magasins si *et seulement si* je parle en italien. Par ailleurs, du fait de mon apparence « méditerranéenne » (terme très peu satisfaisant, mais je n'en vois pas d'autre), j'ai été prise une fois pour une personne *de couleur.* Un événement difficile à oublier : aux Galeries Lafayette, une cliente d'apparence bourgeoise et blanche est venue m'interrompre alors que je discutais avec une vendeuse. J'avais la vingtaine et, avec la fougue et l'énergie de la jeunesse, j'ai fait part très clairement à cette dame de mon indignation. Ce à quoi elle a répondu, dans le plus grand des calmes : « Je ne discute pas avec les personnes de couleur. » Je précise : la fougue de la vingtaine, pour moi qui suis née en 1990, c'était il n'y a pas si longtemps : ce commentaire a donc été prononcé en France, dans une grande ville de province, dans les années 2010.

Je me rappelle avoir été tellement surprise que je n'ai même pas trouvé les mots pour répondre ; la personne en question a donc pu, comme tant d'autres avant et après elle, repartir en toute tranquillité sur sa route pavée de privilèges et d'exploitation. Comme la société ne m'identifie pas comme une personne de couleur, sa remarque ne m'a pas blessée, ni délégitimée, ni fait sentir exclue ou apeurée comme elle l'aurait fait si j'avais vécu toute une vie ces discriminations. Mais pour moi, elle a tiré les rideaux, au moins pendant un instant, sur cette évidence criante qu'est le racisme quotidien en France. Toutefois, je voudrais être claire : cet exemple, bien entendu, n'a rien de comparable avec le vécu quotidien des personnes racisées en France.

LA « RÉDUCTION DU CHAMP DES POSSIBLES »

Bien que la France condamne officiellement le racisme, la réalité de la discrimination raciale ne fait aucun doute. Ainsi, dans le monde du travail, à diplôme égal, « les chances d'être embauché chutent à peu près de moitié quand l'origine maghrébine ou subsaharienne des personnes est perceptible[63] ».

Le secteur privé n'est pas le seul à être susceptible de différencier les individus en fonction de leur assignation raciale : les institutions publiques, autrement dit, celles qui représentent l'État, peuvent également faire preuve de racisme. C'est le cas, depuis longtemps incontestable, de la police. Encore une fois, les chiffres sont là pour le prouver : selon une enquête du Défenseur des droits en 2016, les jeunes hommes perçus comme « noirs, arabes ou maghrébins » ont cinq fois plus de risques d'être contrôlés par la police que le reste de la population (80 % contre 16 % pour être exacte). Pour le sociologue Éric Fassin, la réalité de ces discriminations atteste « qu'il y a bien un racisme institutionnel[64] ».

Cette réalité n'épargne pas l'Éducation nationale. Comme le dit l'écrivaine et sociologue Kaoutar Harchi, « la question scolaire est une question sociale : il n'y a pas quelque part l'école et ailleurs la société ». L'école reproduit et légitime certaines discriminations et, pour reprendre les mots de Kaoutar Harchi, elle « fait des choses aux individus qui la traversent », notamment en termes de « rapports de genre, de race et de classe[65] ».

C'est très concret, et encore une fois, mesurable : l'analyse de l'évolution des résultats aux enquêtes internationales Pisa pour les élèves français entre 2003 et 2012 révèle « un poids accru du

63. Enquête de l'Insée citée par François Héran dans *Lettre aux professeurs sur la liberté d'expression*, Éditions La Découverte, 2021. Pour la référence de l'enquête : « Inégalités et discriminations : questions de mesure », Économie et statistique, n° 464-466, 2013.

64. Propos recueillis dans « "Racisme d'État" : derrière l'expression taboue, une réalité discriminatoire » par Pierre Ropert, sur le site de France Culture, le 24 novembre 2017. Disponible en ligne : https://www.franceculture.fr/sociologie/Racisme-Etat-expression-tabou-discrimination. Consulté le 17 février 2022.

65. Propos prononcés par Kaoutar Harchi dans l'épisode « La réussite scolaire en héritage », pour l'émission *Être et savoir* sur France Culture, le 6 septembre 2021.

facteur de l'origine ethnique (élèves issus de l'immigration de première et deuxième génération) à catégorie socioprofessionnelle et niveau de diplôme équivalents des parents[66] ». Pour les chercheur·se·s chargé·e·s d'analyser les chiffres, « cela ne peut s'expliquer que par l'aggravation d'une discrimination systémique, c'est à dire une détérioration globale de leurs conditions de scolarisation, et non par la seule dégradation des conditions socio-économiques de vie des familles[67] ». Autrement dit, si la classe dont sont issu·e·s les élèves reste bien entendu un facteur d'inégalité, leur « assignation raciale » joue en leur défaveur dans la réussite scolaire : les élèves perçu·e·s comme non blanc·he·s sont par exemple surreprésenté·e·s dans les filières scolaires les moins valorisées. Et cela commence très tôt : dès le CP, l'orientation des élèves vers les filières d'enseignement spécialisé (Segpa, Clis, Ulis) « entraîne une séparation selon l'origine sociale et ethno-raciale[68] ».

Malgré les mythes persistants sur la prétendue exception française, les enquêtes sont formelles : le système français est l'un des plus inégalitaires au monde[69]. Croiser le facteur « racial » avec celui du genre permet de mieux saisir la complexité des discriminations systémiques : les élèves issu·e·s de l'immigration postcoloniale ne sont en effet pas traité·e·s de la

66. Analyse tirée du rapport de jury de la Conférence de consensus « Penser les discriminations à l'école pour les combattre : du déni à la lucidité », à retrouver en intégralité sur le site du Réseau national de lutte contre les discriminations à l'école, avec l'Institut français de l'éducation, et le soutien du CGET. Une enquête très éclairante, et qui propose plusieurs pistes d'amélioration.

67. *Ibidem.*

68. *Ibidem.*

69. C'est la conclusion, notamment, du rapport Pisa de 2015. Voici quelques chiffres : les adultes français dont les parents sont diplômés ont 14 fois plus de chances d'avoir un diplôme, contre 11 fois dans la moyenne de l'OCDE. Par ailleurs, le taux de variation de la réussite en sciences, en fonction du milieu socio-économique de l'enfant, est de 20 % en France, alors que la moyenne européenne est de 13 % au sein des pays de l'OCDE.

même façon s'iels sont perçu·e·s comme une fille ou un garçon. Une enquête a montré qu'au moment des conseils de classe, à la fin du collège, « à résultats scolaires égaux, une fille vue comme d'origine maghrébine se verra plus souvent orientée en seconde générale qu'un garçon supposé de la même origine. Dans les propos des enseignants, on constatait la volonté de permettre à la fille de réussir des études pour échapper à un milieu familial qui "opprimerait" les filles[70] ». Nouvelle preuve que le préjugé fémonationaliste a des conséquences concrètes sur l'orientation des jeunes.

Autrement dit, les élèves sont souvent *orienté·e·s* dans leur orientation en fonction de critères raciaux et sexistes. Que ces biais soient ou non conscients, ils sont effectifs et ont marqué les destins de nombreux jeunes. L'écrivaine Faïza Guène, dont le premier roman, *Kiffe kiffe demain*, a connu un succès mondial, raconte au micro du podcast *Kiffe ta race*[71], que sa conseillère d'orientation avait préconisé qu'elle aille en filière SMS (Sciences médico-sociales, devenue ST2S). Comme elle n'a jamais exprimé ce souhait, Faïza Guène attribue cette recommandation au stéréotype de la femme racisée qui serait prédisposée à prendre soin des autres. Se révoltant contre une telle assignation, la future écrivaine parle de ses bonnes notes, qui lui semblent contradictoires avec une orientation vers une filière scolairement dévalorisée, ce à quoi la conseillère d'orientation répond : « Au pays des aveugles, les borgnes sont rois. » Le recours au proverbe permet à la professionnelle d'impliquer que les « bons résultats » de Faïza Guène n'ont aucune valeur réelle, et qu'ils s'expliquent par le « mauvais établissement » dans

70. Enquête citée dans le référentiel de « La discrimination à l'école, de quoi parle-t-on ? » de Mars 2014 par le Réseau national de lutte contre les discriminations à l'école.

71. *Kiffe ta race*, épisode 33, « Nos enfants à rude école ».

lequel elle se trouve. Ce faisant, non seulement la conseillère d'orientation exerce des biais racistes (et sexistes !) envers une élève d'origine maghrébine, mais elle la rend indirectement responsable des désavantages dont elle est victime du fait que son établissement est considéré comme moins bon.

Cette histoire, qui n'a malheureusement rien d'extraordinaire, nous engage à prendre la mesure de l'impact des paroles et comportements du personnel éducatif, mais aussi de la responsabilité de la structure au sein de laquelle iel agit, et qui ne les a pas formé·e à lutter contre les discriminations racistes. Bien au contraire.

Quand j'ai discuté avec une amie, récemment diplômée de l'Inspe[72], des formations qu'elle avait reçues, voici ce qu'elle m'a rapporté : « J'ai été formée à la lutte contre les discriminations sexistes en particulier lors d'un module que l'on pouvait choisir (on nous proposait plusieurs choix, et il fallait choisir quel module intégrer) par plusieurs interventions passionnantes du planning familial, qui me paraissaient assez pointues sur les discriminations sexistes, mais aussi sur la question des LGBT+phobies. Je crois que cela portait notamment sur l'éducation à la sexualité. De mon souvenir, je n'ai jamais eu de réelle formation sur les discriminations racistes. Dans les cours magistraux auxquels nous assistions, les discriminations sexistes et racistes pouvaient être évoquées, parfois même de façon intéressante, mais il n'y avait pas de formation obligatoire pour lutter contre. »

Selon elle, la vraie disparité se situe du côté d'une analyse systémique, engageant la responsabilité passée et présente de l'institution : « Traiter du racisme sous certains angles (le racisme systémique) est un vrai tabou dans notre institution et

72. Institution national supérieur du professorat et de l'éducation.

peut mettre les enseignants très en difficulté par rapport à leur hiérarchie… Ce n'est pas pour cela que je ne donne pas des billes à mes élèves sur l'historicité de la chose en cours d'histoire, mais en EMC (Enseignement moral et civique) je me sens moins libre d'attaquer cela frontalement (contrairement au sexisme). »

Pourtant, difficile de nier les discriminations institutionnelles et systémiques dont l'école se rend responsable par la ségrégation des établissements sur le territoire. Dans *Tu ressembles à une juive*, l'autrice et enseignante Cloé Korman parle de son expérience d'enseignante en Seine-Saint-Denis. Loin du catastrophisme réactionnaire qui innerve beaucoup de récits sur les quartiers populaires, la description de Cloé Korman est précise, incisive. Elle va droit au but pour dire la réalité quotidienne des quartiers populaires, et le contraste par rapport à ce qu'elle connaît : ascenseurs perpétuellement en panne, transports en commun défectueux (« certains quartiers de Clichy-sous-Bois et Montfermeil, à juste 15 kilomètres de Paris, sont à plus d'une heure et demie de la capitale en transports en commun, aussi loin que le centre de Lille[73] »), quadrillage constant et violent de la police, absence de lieux culturels…

Et la carte scolaire dans tout ça ? N'a-t-elle pas été justement conçue pour rééquilibrer des réalités territoriales inégalitaires ? À cette question, les chercheur·se·s qui ont examiné les discriminations à l'école répondent par la négative : « Les études montrent une corrélation entre ségrégation résidentielle (sociale et ethnique) et ségrégation en établissements scolaires[74]. » Les conséquences sont concrètes : comme l'aurait tristement dit la conseillère d'orientation de Faïza Guène, même dans le public,

73. Cloé Korman, *Tu ressembles à une juive*, Éditions du Seuil, 2020.

74. Conférence de consensus, « Penser les discriminations à l'école pour les combattre : du déni à la lucidité », *op. cit.*

en termes de résultats, d'options proposées, de visibilité, il y a des *bons* et des *mauvais* établissements.

En tant qu'enseignant·e, c'est quelque chose dont on prend conscience dès qu'on est confronté·e aux méandres du mouvement d'affectation dans les établissements scolaires. Pour l'attribution d'un poste, chaque enseignant·e dispose d'un nombre de points qui évolue dans sa carrière en fonction, essentiellement, de son ancienneté (mais aussi d'autres facteurs comme la situation familiale : si vous êtes marié·e, pacsé·e et que vous avez des enfants, vos points augmentent…). Chaque année, au moment où les postes sont attribués, les académies, villes et établissements sont dotés d'un nombre de points en fonction des besoins et, donc, des demandes des enseignant·e·s ; on obtient ensuite ce qui correspond à notre barème. Ce système – si tortueux que les syndicats proposent des formations pour expliquer aux enseignant·e·s comment y naviguer – est censé se démarquer du privé et garantir l'égalité des chances entre enseignant·e·s. Toutefois, s'il protège les enseignant·e·s de la compétition propre au secteur privé, il provoque des situations absurdes et douloureuses, où on peut être littéralement envoyé·e à l'autre bout de la France par rapport à notre résidence principale parce que c'est l'endroit qui correspond à notre nombre de points ; mais, surtout, il crée indirectement un « marché des établissements », au détriment des quartiers populaires. En effet, les académies qui comptent le plus de quartiers populaires, comme Versailles et Créteil, sont toujours les plus accessibles – traduisez : les moins demandées. Concrètement, cela signifie que les jeunes enseignant·e·s commencent presque systématiquement leur carrière dans ces académies qui servent presque de terrain où faire ses classes… avant de les quitter (pas tou·te·s bien entendu !), quand iels auront suffisamment de points pour prétendre à d'autres académies. Les établissements des quartiers populaires connaissent donc une rotation du personnel largement supérieure à la moyenne nationale, ce qui rend plus difficile, pour les équipes éducatives, d'organiser des projets sur le long terme. Et puis, il faut se demander ce que ressentent les élèves de ces établissements quand iels voient, chaque année, leurs enseignant·e·s partir ailleurs. La conscience que leurs territoires et que les écoles qu'iels fréquentent sont moins attractifs entame leur confiance dans l'école, mais aussi leur estime d'elleux-mêmes.

Ainsi, sans le vouloir, on se retrouve souvent complice d'un système discriminant. C'est mon cas. Je n'ai jamais enseigné dans des quartiers populaires. Après avoir obtenu l'agrégation, j'ai travaillé à l'université dans le cadre de mon contrat doctoral, puis d'un contrat précaire pour jeunes chercheur·se·s (ATER). J'ai vécu un an à Paris intra-muros, mais la vie dans la capitale ne me plaisait pas : j'avais besoin d'une nature accessible, et je supportais mal les transports. Après la naissance de ma fille, j'ai pris un congé parental pendant deux ans en Bretagne, dans la région où j'ai passé mon enfance, avant d'obtenir un poste dans l'académie grâce au rapprochement de conjoint. Pendant ces années, j'ai souvent dépendu de l'Académie de Créteil, mais que ce soit parce que j'étais détachée à l'université ou à cause de mon congé parental, je n'ai jamais effectivement pris mon poste. Quand je parlais de ma situation autour de moi, les gens m'ont souvent dit qu'iels *comprenaient* que je ne veuille pas enseigner « en banlieue ». Les discours pouvaient être très dévalorisants, même de la part de personnes se réclamant de la gauche, mentionnant la prétendue violence des élèves de ces établissements, voire leur manque de curiosité, etc. Je me sentais en porte-à-faux, avec l'impression qu'on m'imposait des raisons qui n'étaient pas les miennes. Je tentais alors d'expliquer que je n'avais jamais voulu éviter les « banlieues », mais la vie à Paris. Tout cela était vrai ; il n'empêche que le résultat est le même : j'ai *évité* ces établissements, et ce faisant, même sans le vouloir, j'ai participé à un système inégalitaire.

Alors oui, l'égalité des chances est une illusion, un écran de fumée peinant à cacher les disparités des conditions de vie et d'accès aux savoirs des jeunes en fonction de leur origine sociale et raciale. Et le plus grave, c'est que l'enjeu dépasse l'école ; ou plutôt, il engage le rôle de l'école dans l'attribution des places sociales. Ainsi, pour Fatima Ouassak, si les élèves issu·e·s de l'immigration postcoloniale reçoivent *de fait* un enseignement de moins bonne qualité[75], si on réduit leur « champ des possibles », c'est pour « les éduquer, les préparer et les résigner à occuper les places qu'on leur réserve[76] » : à savoir, les tâches de *care* et de subsistance dans lesquelles les femmes sont d'ailleurs surreprésentées, comme on a pu s'en apercevoir pendant les confinements. Et pendant ce temps, les enfants issu·e·s des classes dominantes peuvent se consacrer à autre chose : faire des longues études, puis de l'argent, gouverner, avoir des métiers créatifs… en un mot, garder le pouvoir.

---

75. Elle note par ailleurs que « les élèves de Seine-Saint-Denis perdent en moyenne une année de scolarité par rapport aux autres élèves en France, car les enseignants y sont moins bien remplacés », Fatima Ouassak, *La Puissance des mères, op.cit.*

76. *Ibidem.*

LA REPRÉSENTATION : UNE EXCLUSION SYMBOLIQUE DES SAVOIRS

Pour les jeunes non blanc·he·s, la « réduction du champ des possibles » passe également par l'impossibilité de se projeter dans des figures positives dans les contenus scolaires.

Prenons quelques exemples de représentations des minorités racialisées :

- Les 12 œuvres étudiées en 2022 en français en classe de première générale ou technologique sont écrites par des personnes blanches (et trois quarts, rappelons-le, sont des hommes).
- En français, en cinquième, la colonisation des Amériques – qui s'est soldée par l'extermination des autochtones, la déportation de millions d'Africain·e·s et leur mise en esclavage – peut être étudiée dans un chapitre consacré aux « grandes découvertes ».
- Dans les programmes d'histoire, on parle majoritairement des Afro-descendant·e·s dans les chapitres consacrés à l'esclavage ; par ailleurs, l'Afrique est présentée (presque) seulement comme un continent « pauvre ». Enfin, on apprend (parfois...) les noms des militant·e·s américain·e·s contre le racisme (Martin Luther King, Rosa Parks...), mais pas

celleux qui sont français·e·s. Qui connaît, par exemple, Louis Delgrès, Solitude, ou Toussaint Louverture[77] ?

- L'histoire des « gens du voyage » est majoritairement absente des manuels scolaires : on n'y raconte ni leurs résistances ni les oppressions subies par l'État, notamment pendant la Seconde Guerre mondiale – et après.
- Malgré des évolutions, complexes et articulées aux débats politiques contemporains, le fait colonial est peu et mal représenté dans les manuels scolaires[78]. Ainsi, quel·le élève peut-iel citer aujourd'hui toutes les guerres coloniales menées par la France ? Et notamment en Asie ?

Ces exemples désignent seulement quelques situations auxquelles les élèves non blanc·he·s sont confronté·e·s chaque année. Par ailleurs, on devrait faire l'étude approfondie de comment chaque communauté est représentée et *non* représentée. Ce qui ressort néanmoins, c'est que les contenus scolaires tendent à invisibiliser les personnes non blanches et donc, revers de la médaille, à surreprésenter les personnes blanches.

Ces choix ont des effets concrets : ne jamais rencontrer d'écrivain·e·s ou d'artistes auxquel·le·s on puisse s'identifier rend beaucoup plus difficile de s'imaginer le devenir soi-même ; cette minoration de la puissance d'action est d'autant plus grave que les initiatives de luttes des personnes racisées sont invisibilisées. Or, en ne parlant presque pas ou jamais aux élèves des combats menés par les personnes racisées, on participe à naturaliser les discriminations qu'iels subissent au quotidien et

---

77. Noms qu'on ne m'avait jamais appris, et que j'ai personnellement découverts dans *Kiffe ta race, op. cit.*

78. Voir : Laurence de Cock, *Dans la classe de l'homme blanc. L'enseignement du fait colonial en France des années 1980 à nos jours*, Presses universitaires de Lyon, Lyon, 2018.

donner l'impression que rien ne peut être fait pour les dépasser. Par ailleurs, si les personnes noires n'apparaissent que dans les chapitres consacrés à l'esclavage, on réduit l'histoire des Afro-descendant·e·s au fait d'être des victimes passives, qui auraient accepté ce qui leur arrivait sans contribuer à l'histoire humaine (ce qui est faux !). Et perpétuer leur représentation comme personnes dominées, c'est risquer de reproduire cette image. En cela, l'école altérise les enfants racisé·e·s : elle les intègre en les faisant sentir autres, différent·e·s, extérieur·e·s à l'histoire qui se joue à l'école.

Malgré tout, il s'en trouve toujours pour balayer ces questions d'un revers de la main et proclamer qu'en République nul·le n'est censé·e s'identifier avec un groupe particulier, puisque aller à l'école, c'est *s'élever* au-dessus de sa condition. Quand il est interrogé à propos de la polémique sur les *crop top*, Emmanuel Macron répond par exemple : « Tout ce qui vous renvoie à une identité, une volonté de choquer ou d'exister n'a pas sa place à l'école. » En parlant de « la logique intersectionnelle », il déplore également qu'elle « renvoie chacun à son identité ». À cela, il oppose l'exemple positif qu'il pense incarner : « Je suis du côté universaliste. Je ne me reconnais pas dans un combat qui renvoie chacun à son identité ou son particularisme[79]. »

Présenter les choses ainsi, c'est voir le problème à l'envers.

Ce n'est pas parce qu'on est perçu·e comme noir·e qu'on s'identifie naturellement aux personnes noires, ni parce qu'on est perçu·e comme femme qu'on s'identifie aux femmes, ni parce qu'on est originaire du continent asiatique qu'on s'identifie aux personnes venues d'Asie. C'est bien le propre du racisme (ou du sexisme, et de tout système de domination) d'assigner les

---

79. Extraits de l'entretien avec Emmanuel Macron et le magazine *Elle*, le 1er juillet 2021.

individus à des identités, de les enfermer dans des traits biologiques ou culturels définitifs qui les altérisent. C'est pour cela qu'on parle de minoration, de minorité, ou de majorité : ce n'est pas pour désigner une réalité *statistique* – les femmes sont considérées comme une minorité même si elles représentent environ la moitié de la population –, mais une réalité *politique*. En effet, non seulement le racisme assigne les individus à des identités figées, mais il les hiérarchise en présentant certaines identités comme supérieures aux autres. Or qu'est-ce que ce « monopole de l'universel[80] » (« *je* suis universel, *vous* êtes particulariste ») sinon une manière à peine voilée de reproduire des hiérarchies en se présentant comme meilleur·e parce que plus à même de s'extraire de son « identité » ?

C'est ce paradoxe, et la saine colère qu'il provoque, qui conduit le philosophe Paul B. Preciado à demander : « Pourquoi êtes-vous convaincus, chers amis binaires, que seuls les subalternes[81] ont une identité ? Pourquoi êtes-vous convaincus que seuls les musulmans, les juifs, les pédés, les lesbiennes et les trans, les habitants de la banlieue, les migrants et les Noirs ont une identité[82] ? » Poursuivons : pourquoi ne voyez-vous pas que vous avez tout autant une identité que les autres ? Et que, si vous osez vous réclamer du « neutre » ou de l'« universel », c'est parce que vous apercevez votre reflet partout où vous regardez, dans un monde que vous avez déformé à votre image : dans chaque statue, chaque texte, chaque tableau, chaque nom de rue ; partout vous vous retrouvez, jusqu'à avoir le luxe de vous oublier. Ce luxe n'est pas offert à tout le monde : le temps est venu de vous en apercevoir.

---

80. Expression employée par Julieau Suaudeau et Mame-Fatou Niang dans *Universalisme*, Éditions Anamosa, Paris, 2022.

81. Terme négatif qu'il reprend pour « retourner le stigmate ».

82. Paul B. Preciado, *Je suis un monstre qui vous parle*, Grasset, Paris, 2020.

N'en déplaise à la *doxa* réactionnaire, les minorités ne cherchent pas à prendre plus de place que les autres. Exiger plus de visibilité et une meilleure visibilité pour celleux qui ont été *effacé·e·s* de l'histoire officielle, ce n'est pas faire de la discrimination positive, mais seulement rétablir un équilibre qui a été mis à mal par tous les systèmes de domination. Il faut arrêter d'exclure les minorités raciales des savoirs ; et cela passe par une reconsidération totale de la manière qu'on a de représenter les minorités, comme la majorité, à l'école.

LE RACISME QUOTIDIEN À L'ÉCOLE : MINORER LA PUISSANCE D'ACTION DES PERSONNES NON BLANCHES

L'école n'est pas seulement un espace où l'on apprend à savoir ; c'est aussi un lieu de sociabilité, où l'on intègre autre chose que des connaissances théoriques : comment se comporter avec les autres, comment on est perçu·e par elleux, ce que l'on représente dans la société… L'école, c'est donc aussi ce que l'on mange, comment on parle, comment on doit s'habiller, le rapport entre notre vie personnelle et familiale et l'espace scolaire…

Ces relations sont fondamentales ; elles construisent notre sujet social et politique ; en un mot, elles nous préparent à prendre place dans la société. Or là aussi, les vécus diffèrent que l'on soit perçu·e ou non comme blanc·he. Et c'est dans ces différences que se tisse le racisme quotidien, ordinaire de l'école ; ordinaire, non pas parce qu'il ne serait *pas si grave*, mais parce qu'il est répété, minoré, normalisé, jusqu'à produire un sentiment d'exclusion et de rejet pour les personnes qui le subissent.

La description qu'en donne le sociologue Fabrice Dhume au micro de France Culture est éclairante : « Il y a une partie du racisme qui est totalement invisible aux yeux du groupe majoritaire, de ceux qui ne subissent pas le racisme. C'est ça qu'on entend par le nom de "racisés" : ceux qui subissent le fait d'être assignés à une catégorie raciale ou une place de race, dans le regard du majoritaire. C'est ce qu'on appelle le racisme quotidien et qui est le plus violent, le plus opérant. C'est la répétition, tous les jours, dans toutes les différentes sphères de la vie sociale, de micro-expériences du racisme, qui a un effet d'usure sur les personnes. Et ces situations sont d'autant moins régulées que les acteurs qui ne sont pas la cible du racisme ne le voient pas, littéralement. Donc ils pensent que c'est l'autre qui fabule, qui est paranoïaque, etc. Être "racisé", c'est avoir l'expérience de cette banalité du racisme quotidien qui n'est pas vu par les autres[83]. »

S'il y a un lieu où ces micro-agressions sont minimisées, c'est bien l'école. C'est ce qu'explique Fatima Ouassak quand elle parle des discriminations dans les crèches et les écoles

83. Propos recueillis dans « "Racisme d'État" : derrière l'expression taboue, une réalité discriminatoire », *op. cit.*

maternelles : « C'est à ce moment-là que le pire nous est infligé, et c'est déjà presque trop tard. Car l'oppression, essentiellement sous la forme de processus de stigmatisation et d'aliénation, est alors douce, accompagnée de doudous et d'arcs-en-ciel dessinés au-dessus des petits portemanteaux. Il est plus facile de dénoncer les crimes de la police – il y a des assassins, du sang, des cadavres – que ce système à la violence diffuse où les odeurs de savon à la vanille se mêlent aux larges sourires[84]. »

La minimisation n'est pas seulement symbolique : l'écrivaine et coautrice du podcast *Kiffe ta race,* Grace Ly, raconte ainsi que, en tant que parent délégué, quand elle a relayé la parole d'une mère victime de racisme dans la classe de ses enfants, la directrice lui a répondu « qu'une enseignante ne pouvait pas être raciste[85] ». La directrice mobilise ici l'image de l'école « sanctuaire » où, par on ne sait quel miracle dû à l'institution républicaine et à la sacro-sainte connaissance, les hiérarchies sociales s'arrêteraient à la porte. Pourtant, c'est justement parce que l'école est un lieu essentiel, où l'on se construit en tant qu'individu social, que l'expérience du racisme peut être extrêmement marquante et traumatisante.

J'essaierai de relayer ici quelques-unes de ces expériences du racisme à l'école, telles que j'en ai été témoin par mon expérience et mes recherches. Pour avoir un aperçu plus précis et ancré que le mien, il faut écouter le podcast *Les Enfants du bruit et de l'odeur* consacré spécifiquement à ces questions, l'incontournable *Kiffe ta race* (livre et podcast), et lire *La Puissance des mères* de Fatima Ouassak – mais aussi, et tout simplement, écouter les récits des personnes racisées[86].

---

84. Fatima Ouassak, *La Puissance des mères, op. cit.*

85. *Kiffe ta race*, épisode 33, « Nos enfants à rude école ».

86. Voir également, à la fin de l'ouvrage, l'entretien avec Prisca Ratonovasy.

Hiérarchiser les corps

Pour chacun·e d'entre nous, arriver à l'école, c'est faire l'expérience de sa différence : *a minima*, les autres enfants n'ont pas les mêmes habitudes que nous. Toutefois, comme l'explique l'écrivaine Faïza Guène dans l'épisode de *Kiffe ta race* déjà cité, c'est une chose que de se rendre compte qu'on est tou·te·s un peu différent·e·s, c'en est une autre que de « vivre le racisme et subir le rejet et l'exclusion[87] ».

Là où le rejet s'exprime le plus aisément dans la bouche des enfants, c'est par les insultes physiques : tirer sur les côtés de ses yeux face à un·e enfant d'origine asiatique, se moquer des cheveux d'un·e enfant noir·e ou de sa couleur de peau, etc. À ce sujet, une insulte récurrente des cours de récré consiste à assimiler la peau des enfants noir·e·s à la couleur « caca ». Si certain·e·s n'y voient qu'une plaisanterie enfantine aussi éphémère que la phase « pipi-caca-prout », on peut en revanche se demander pourquoi, parmi une myriades d'autres comparaisons possibles, les enfants associent la peau des enfants noir·e·s au premier objet de dégoût qu'iels rencontrent. Difficile de ne pas y voir ce que c'est : la reproduction d'une hiérarchie selon laquelle la peau « blanche » serait la norme, et le corps blanc, le seul légitime. Or, que fait concrètement l'école pour lutter contre la représentation du corps blanc comme neutre et idéal ?

Les cheveux[88] sont également un enjeu de taille. Les cheveux bouclés, frisés, crépus, afro sont souvent moqués, touchés

---

87. *Kiffe ta race*, épisode 33, *op. cit.*

88. À ce sujet, il faut à tout prix lire l'album de Laura Nsafou, *Comme un million de papillons noirs*, Éditions Cambourakis, Paris, 2018.

sans consentement[89]. Le vocabulaire moralisateur utilisé pour les décrire est une preuve à lui seul de la gravité du phénomène : quand on parle des cheveux des enfants originaires d'Afrique du Nord ou subsaharienne on dit qu'ils sont « indisciplinés ». Non pas seulement frisés ou bouclés, mais *indisciplinés*.

Quand j'étais en cinquième, un camarade de classe était violemment harcelé par les autres élèves. C'était un garçon doux, un peu dans la lune. Aujourd'hui, je dirais : une personne comme une autre ; au collège, pourtant, il était perçu comme *différent*. Derrière ce terme qui à cet âge-là sonne souvent comme un couperet, trois choses : un garçon qui ne joue pas au garçon ; un·e enfant juif ; un garçon qui a des cheveux bouclés, avec des vraies boucles, bien apparentes. Un jour, d'autres élèves l'ont traité de « sale juif » ; après, il s'est tapé la tête contre un poteau. Essayant de maîtriser la situation, la principale a réuni notre classe pour discuter du problème. Quand elle a demandé aux élèves pourquoi iels insultaient et excluaient systématiquement cet enfant, ils ont répondu (il s'agissait d'un groupe de garçons blancs) : « Ses cheveux sont bizarres, ils sont bouclés. »

On le voit : ce n'est jamais seulement une histoire de cheveux. Ce qui se joue ici, c'est la reproduction d'une hiérarchie raciste – et sexiste : un garçon doit avoir les cheveux courts !

Cette norme touche aussi les enfants blancs. Depuis quelque temps, ma fille dénigre ses cheveux bruns et bouclés : elle voudrait des cheveux lisses et blonds. Certes, la longue chevelure blonde et lisse de la Reine des neiges y est sûrement pour quelque chose ; pourtant, les dessins animés Disney ne sont pas les seuls à reproduire des corps blancs, minces, avec des cheveux lisses.

---

89. Fatima Ouassak rapporte à ce propos dans *La Puissance des mères* une conversation récurrente avec les puériculteur·rice·s de la crèche. Des expériences similaires peuvent survenir en maternelle.

Si l'on consulte la plupart des manuels de SVT, les corps étudiés sont blancs, minces, valides, binaires, et les femmes ont des cheveux lisses. Cela signifie qu'à côté de la télé, des remarques des parents et des publicités, l'école contribue à véhiculer un idéal physique normatif, qui exclut et dévalorise les corps non blancs, gros, non binaires…

Par ailleurs, la prétendue « cruauté naturelle » des enfants peut difficilement être invoquée comme seule explication aux insultes fréquentes dans les cours de récré. Les enfants ont besoin d'imiter les autres pour se construire ; en cela, iels sont un miroir de ce que nous sommes, de ce qu'iels apprennent, à l'école comme à la maison. Ce qu'iels reproduisent, avec la candeur qu'on a perdue, n'a rien d'anodin : les normes physiques sont le résultat d'une histoire d'oppression dont les conséquences pouvaient être très concrètes. Cette histoire, il faut l'enseigner afin de prendre la juste mesure des ramifications du racisme ordinaire.

Délégitimation des parents racisés

S'il existe un domaine où cette histoire est réactivée, c'est dans le rapport aux familles.

En France, famille et école ne font pas toujours bon ménage. Du point de vue des enseignant·e·s, la coéducation implique de devoir faire avec la volonté des parents qui cherchent parfois à limiter la liberté pédagogique. Et c'est vrai qu'à chaque fois que j'ai parlé de féminisme ou de combats sociaux, une part de moi craignait la colère de parents conservateurs – toutefois, si je dois être honnête, j'appréhendais davantage les remontrances de la hiérarchie.

De leur côté, les parents ont souvent l'impression que l'école cherche à délégitimer leurs choix éducatifs. Là où cela est le plus marqué, c'est quand l'école se charge d'enseignements *moraux*. Sur ce sujet, Jules Ferry avait déjà tranché. Selon lui, l'enseignement moral relèverait nécessairement de l'école. Voici ce qu'il avait écrit dans sa « Lettre aux instituteurs » en novembre 1883 : « Vous n'avez à enseigner, à proprement parler, rien de nouveau, rien qui ne vous soit familier comme à tous les *honnêtes gens* [...]. Demandez-vous si un *père de famille*, je dis un seul, présent à votre classe et vous écoutant, pourrait de bonne foi refuser son assentiment à ce qu'il vous entendrait dire. Si oui, abstenez-vous de le dire ; sinon, parlez hardiment. »

Si vous trouvez le ton de cette diatribe un peu désuet et un tantinet patriarcal, cela ne semble pas être de l'avis du ministère de l'Éducation nationale, qui reproduit la citation telle quelle – c'est-à-dire sans accompagnement contextuel ou modalisation – sur le site de l'Académie de Paris[90]. Par ailleurs, à la fin du XIXe siècle, dans la bouche d'un homme politique qui justifie la colonisation comme un devoir de civilisation des « races inférieures » par les « races supérieures » (on y reviendra plus tard), qui représentent ces « honnêtes gens » ? À quoi ressemble ce bon et cher « père de famille » ? Pouvait-il être originaire d'Afrique et pratiquer une autre religion que la sienne ? Autrement dit, toutes les familles sont-elles traitées à la même enseigne par l'école ?

Le 27 octobre 2005, Zyed Benna (17 ans) et Bouna Traoré (15 ans) sont électrocutés dans le transformateur EDF de Clichy-sous-Bois où ils s'étaient réfugiés pour fuir la police qui

90. https://www.ac-paris.fr/portail/jcms/p1_1153893/lettre-aux-instituteurs-jules-ferry-17-novembre-1883, consulté le 11 février 2022.

les poursuivait. Suite à la mort des deux adolescents, les banlieues se soulèvent : ce sont les émeutes de 2005. Très vite, les médias et les discours politiques mettent la faute sur « les parents démissionnaires ». Si cette expression avait déjà été utilisée en 1998 par Jean-Pierre Chevènement, alors ministre de l'Intérieur, c'est à partir de 2005-2006 qu'elle se popularise dans le discours médiatico-politique pour désigner la *responsabilité* des parents dans la « délinquance » des mineur·e·s. À l'école, elle est reprise pour dire que l'échec scolaire des enfants serait – en partie… – imputable à l'absence d'investissement des parents (et non aux politiques publiques, au manque de moyens de l'école, à la ségrégation urbaine, etc.).

Mais qui appelle-t-on « parents démissionnaires » ? Sont-ce les parents chef·fe·s d'entreprise qui disent à leur enfant que les enseignant·e·s sont des fonctionnaires bons à rien, et que le français et la philosophie c'est inutile pour réussir dans la vie ? Ou encore les parents qui rapportent le *Figaro Magazine* à la maison selon lequel l'école « endoctrine nos enfants » par « l'antiracisme, l'idéologie LGBT+, le décolonialisme[91] » ?

Ces parents vont rarement à toutes les réunions parents-profs. Par ailleurs, iels font baisser la confiance des élèves envers l'école ; si on veut être logiques, on devrait tout aussi bien les qualifier de démissionnaires. Voire plus : celleux qui assimilent antiracisme et « idéologie LGBT+ » à une « dérive » pourraient d'ailleurs être accusé·e·s de rompre le contrat républicain censé garantir l'égalité des citoyen·ne·s, et donc la lutte contre toutes les discriminations. Pourtant, ce ne sont jamais elleux qu'on

91. Je fais référence à la une tristement célèbre du *Figaro Magazine* en novembre 2021. Selon le magazine, « au nom de la "diversité" et de son corollaire pédagogique, l'"inclusion", les idéologies woke ont pénétré dans le temple scolaire avec la complicité d'une partie du corps enseignant et par le biais des outils pédagogiques ».

accuse, qu'on délégitime et qu'on présente comme potentiellement dangereux.

Ne soyons pas dupes : *parents démissionnaires* est une expression qui relève d'un discours racialisant et classiste.

Pendant ma première année d'enseignement à l'université, j'ai été affectée dans un dispositif qui s'inscrivait dans la promotion de « l'égalité des chances » : il s'agissait de préparer à l'enseignement supérieur, voire à la prépa, une classe d'élèves boursier·ère·s, majoritairement issu·e·s des quartiers populaires et sélectionné·e·s pour leur « motivation ». Je me rappelle encore comment un collègue m'avait présenté mes futur·e·s élèves : vivant·e·s, très sympathiques et « chevelu·e·s ». Sachant que la majorité des élèves français·e·s ne sont pas chauves, on se doute qu'il n'entendait pas par là qu'il était confronté pour la première fois de sa carrière à des élèves avec des cheveux. En fait, ce qu'il signifiait, sans nécessairement le vouloir, c'est qu'il *voyait* leurs cheveux parce qu'ils différaient de la norme blanche. Ce n'est qu'une anecdote, mais je l'ai assez rapidement trouvée représentative de la manière que l'institution avait de considérer ces jeunes.

L'objectif de cette classe consistait à corriger les inégalités scolaires dont ces élèves avaient été victimes. Pour cela, les conditions d'apprentissage étaient exemplaires : une classe de 20 élèves maximum, un vrai projet d'équipe parmi les enseignant·e·s (d'ailleurs très engagé·e·s !), un accompagnement personnalisé, de nombreuses sorties culturelles, un environnement idéal sur le campus… et la vie dans la résidence d'une grande école. Ce dernier point découlait d'une obligation : les élèves, même si leurs familles résidaient dans la ville – plus précisément, dans ses quartiers populaires –, étaient tenu·e·s de vivre sur le campus.

À première vue, tous les ingrédients pour un spot publicitaire chantant les louanges de l'école méritocratique étaient réunis. Je le vois presque défiler dans ma tête : c'est l'histoire d'une jeune fille dont les parents sont immigrés du Maroc, et qui, chez elle, avait l'habitude de partager sa chambre avec deux de ses cinq frères et sœurs. Quand elle se retrouve à l'université, c'est une révélation : la voilà admise dans le temple du savoir. Elle peut étudier dans le silence ; le seul bruit qui retentit dans l'appartement, ce sont les sonates de Bach que son coloc lui fait découvrir. Jusqu'ici, la musique se résumait pour elle au rap écouté par son frère ou à la pop sur laquelle elle dansait avec ses copines ; Bach est une illumination. Elle lit Flaubert et Céline dans son lit ; quand elle a faim, elle se prépare un sandwich jambon-beurre. Elle qui était si pudique n'a même pas honte que son coloc la voie dans son mini-short de pyjama : grâce à l'université, Voltaire et Rousseau, elle est d'ailleurs devenue féministe et commence à trouver sa mère un peu arriérée. Un jour, elle se dispute avec son père (peut-être aussi son frère) qui contraint sa mère à porter le foulard.

En choisissant d'obliger les élèves de cette classe à quitter leur domicile familial, les responsables du dispositif ne cherchaient sûrement pas à être racistes ni à alimenter la somme nauséabonde de clichés culturalistes que je me suis permise d'énoncer. Toutefois, à travers elleux, l'institution faisait passer un message clair aux familles : pour réussir, votre enfant doit s'éloigner de vous, de votre culture, de vos habitudes.

Cette délégitimation est au centre du podcast *Les Enfants du bruit et de l'odeur*. En reprenant les mots tristement célèbres[92] prononcés par Jacques Chirac le 19 juin 1991 pour qualifier les « désagréments » (*sic* !) causés par les personnes immigrées en France, les deux autrices, Prisca Ratavonasy et Ulriche Alé, abordent les « problématiques et obstacles que parents, enfants, adolescents et jeunes adultes racisés rencontrent tout au long de leur parcours scolaire, que ce soit de la maternelle, aux bancs de la fac ou dans les grandes écoles, car les enjeux de l'éducation sont importants et ont un impact sur le développent des adultes d'aujourd'hui et de demain[93] ». Le podcast prend la forme d'une conversation entre les deux autrices, à laquelle s'ajoutent des interviews qui visent à « une réappropriation du vécu des personnes racisées ». Prisca Ratovonasy et Ulriche Alé entremêlent avec finesse des récits d'expérience avec des analyses historiques, sociologiques et psychologiques, et appellent à une restructuration profonde de l'école et de la société françaises.

92. Voici un extrait plus complet du discours de l'ancien président de la République : « Notre problème, ce n'est pas les étrangers, c'est qu'il y a overdose. C'est peut-être vrai qu'il n'y a pas plus d'étrangers qu'avant la guerre, mais ce n'est pas les mêmes et ça fait une différence. Il est certain que d'avoir des Espagnols, des Polonais et des Portugais travaillant chez nous, ça pose moins de problèmes que d'avoir des musulmans et des Noirs. [...] Comment voulez-vous que le travailleur français qui habite à la Goutte-d'Or où je me promenais avec Alain Juppé il y a trois ou quatre jours, qui travaille avec sa femme et qui, ensemble, gagnent environ 15 000 francs, et qui voit sur le palier à côté de son HLM, entassée, une famille avec un père de famille, trois ou quatre épouses, et une vingtaine de gosses, et qui gagne 50 000 francs de prestations sociales, sans naturellement travailler ! *[applaudissements nourris]* Si vous ajoutez à cela le bruit et l'odeur *[rires nourris]*, eh bien, le travailleur français sur le palier, il devient fou. Il devient fou. C'est comme ça. Et il faut le comprendre, si vous y étiez, vous auriez la même réaction. Et ce n'est pas être raciste que de dire cela. Nous n'avons plus les moyens d'honorer le regroupement familial, et il faut enfin ouvrir le grand débat qui s'impose dans notre pays, qui est un vrai débat moral, pour savoir s'il est naturel que les étrangers puissent bénéficier, au même titre que les Français, d'une solidarité nationale à laquelle ils ne participent pas puisqu'ils ne paient pas d'impôt ! [...] Il faut que ceux qui nous gouvernent prennent conscience qu'il y a un problème de l'immigration. » (Extrait du discours d'Orléans, dans le cadre d'un dîner-débat du RPR à Orléans.)

93. Description du podcast trouvée sur le site : https://podcastfrance.fr/podcasts/societe/les-enfants-du-bruit-et-de-lodeur/. Consulté le 24 mars 2022.

L'épisode consacré à la « parentalité remise en question » est particulièrement instructif. Les deux autrices y expliquent la méfiance qu'elles ressentent en tant que mères racisées de la part de certain·e·s membres de l'équipe éducative. Comme les autres parents racisé·e·s, elles sont constamment sommées de prouver qu'elles sont de bons parents, qu'elles suivent leur enfant, lui transmettent les « valeurs républicaines », qu'elles ne le maltraitent pas…

Je crois que tou·te·s les professionnel·le·s de l'éducation devraient écouter ces récits. Ils n'ont pas manqué de me rappeler cette phrase qu'on entend si souvent en salle des profs, quand les enseignant·e·s parlent des rapports (parfois) tendus avec les parents qui cherchent à s'immiscer dans leurs pratiques pédagogiques : « Je ne lui enseigne pas son métier, il ou elle n'a pas à m'enseigner le mien. » C'est une idée qui découle d'un malaise souvent légitime face à des parents qui peuvent avoir des mots maladroits, voire blessants et violents. Elle exprime également le ras-le-bol dû au manque de respect des métiers de l'éducation par les gouvernements successifs, mais aussi, plus largement, à la vision néolibérale du travail où l'on attend toujours des « résultats » par ailleurs impossibles à obtenir dans les conditions actuelles d'enseignement.

Le problème apparaît quand cette phrase, et la défense de l'expertise professionnelle qu'elle implique, s'exerce contre des parents qui sont déjà déligitimés par la société et l'école. Affirmer que l'*on sait mieux* face à des parents auxquels l'école fait comprendre qu'ils ne *savent pas* élever leurs enfants n'est pas la même chose que se défendre contre l'ingérence de la hiérarchie, de parents méprisants, ou de la course aux résultats. Par ailleurs, rappelons-nous que la séparation entre les *professionnel·le·s qui savent* et les *autres* a pu servir des dynamiques d'oppression et de domination. Le « monopole du savoir » par une classe n'est pas seulement un moyen de se défendre contre le pouvoir, c'est aussi un moyen de privatiser les connaissances et les privilèges qui en découlent.

Toutes les langues ne sont pas traitées à la même enseigne à l'école

La méfiance envers les cultures des personnes non blanches se concrétise dans le traitement des langues parlées à la maison. Celles-ci sont souvent traitées différemment par l'école en fonction de leur origine. Par exemple, depuis mon arrivée en France, j'ai parlé italien avec ma mère à la maison, et mes enseignant·e·s ont toujours considéré cette habitude comme une richesse. Ce serait sûrement le cas d'un·e enfant dont les parents parlent anglais, allemand, espagnol, etc. Les classes « européennes », d'ailleurs, sont vues comme des filières de qualité – on dit aussi « d'excellence ». Les choses sont très différentes si la langue parlée à la maison est l'arabe ou une autre langue d'origine postcoloniale. Dans ce cas, la langue est souvent traitée comme un obstacle pour la réussite scolaire de l'enfant, voire une menace. Il arrive donc que les professionnel·le·s de l'éducation conseillent aux parents issus de l'immigration postcoloniale de parler seulement français à la maison, afin de permettre à l'enfant, disent-iels, de mieux s'exprimer ou apprendre à lire.

Comme l'expliquent les autrices du podcast *Les Enfants du bruit et de l'odeur*, il s'agit d'un préjugé institutionnalisé. À ce propos, elles citent le rapport préliminaire de la commission prévention du groupe d'études parlementaire sur la sécurité intérieure (GEPSI), présidée par Jacques-Alain Bénisti en 2005. Ce texte terrifiant, dont l'objectif était d'organiser à l'école un dépistage précoce de la délinquance (dès 3 ans !), a suscité une telle révolte qu'il a été par la suite édulcoré. Impossible, pourtant, d'oublier la thèse de ce rapport parlementaire selon lequel le bilinguisme précoce des enfants issu·e·s de l'immigration postcoloniale ne conduisait à rien de moins qu'à l'échec scolaire et à la délinquance. La commission encourageait donc les parents d'enfants racisé·e·s – et en particulier les mères ! – à parler exclusivement français à la maison afin de permettre l'intégration scolaire de leurs enfants.

C'est d'une violence inouïe : au lieu d'interroger les inégalités sociales et raciales à l'école et dans la société, ce texte rejette la faute sur les personnes qui subissent ces inégalités. Quand on est parent, on peut imaginer à quel point cette culpabilisation est douloureuse. Mais le plus grave, ce sont les conséquences d'une telle politique sur les enfants. Quand iels voient que l'école dévalorise leur culture, leurs parents, leur langue, leur histoire, les enfants se voient écartelé·e·s, ce qui crée nécessairement une perte de confiance dans l'école, mais aussi la famille. C'est cette perte de confiance qui engendre l'échec scolaire, et non l'inverse.

C'est pourquoi Fatima Ouassak invite l'école à reconsidérer la responsabilité des familles concernant les enfants, et à s'affranchir du rapport paternaliste, voire méprisant, que l'institution entretient avec les familles minorisées : « Les parents ont l'entière responsabilité de leurs enfants. Même quand ils les confient aux institutions publiques, à la crèche, à l'école ou au centre de loisirs, ils ne font jamais que les confier. [...] Et c'est nous, les parents, qui confions nos enfants à l'institution scolaire. L'institution scolaire, elle, doit mériter notre confiance, nous garantir que nos enfants vont être en sécurité au sein de l'établissement, traités à égalité et avec bienveillance. Il faut se le dire et se le répéter car on a souvent l'impression que, pour les institutions, vis-à-vis de certains parents, c'est l'inverse. Comme si c'était les institutions qui nous confiaient les enfants à la sortie de l'école, en espérant qu'on ne détruise pas trop, pendant la soirée, le travail qu'elles s'appliquent à faire avec eux toute la journée[94]. »

QUAND LES POLITIQUES COLONIALES DÉMANTELAIENT LES FAMILLES

L'un des procédés canoniques de la colonisation consistait à contrôler et limiter la parentalité des peuples colonisés.

Stérilisations forcées

C'est ce qu'a montré Françoise Vergès dans son livre *Le Ventre des femmes. Capitalisme, racialisation, féminisme*. Alors que dans les années 1960-1970, l'État français interdit l'avortement en France hexagonale, des milliers d'avortements et de stérilisations non consenties sont pratiquées dans les départements d'outre-mer sur les femmes noires. Cette disparité, et l'atrocité des pratiques qui en découlent, marquent la volonté de contrôler les corps des personnes racisées et en particulier leur reproduction.

Désenfantisation et enfants placé·e·s

Cette logique s'accompagne souvent de ce qu'on appelle la désenfantisation, c'est-à-dire le fait de ne pas traiter les

94. Fatima Ouassak, *La Puissance des mères*, *op.cit*

enfants racisé·e·s comme des enfants. Aujourd'hui, c'est ce qui se produit quand on sexualise les enfants non blanc·he·s ou quand des enfants ou des adolescent·e·s sont traité·e·s comme des cibles dangereuses par la police.

La désenfantisation des enfants issu·e·s de l'immigration postcoloniale est historiquement liée à une volonté de démanteler les familles. De 1962 à 1984, plus de 2 000 enfants né·e·s sur l'île de la Réunion sont arraché·e·s de force à leur famille et envoyé·e·s dans des départements français, notamment la Creuse : c'est pour cette raison qu'on parle aujourd'hui des « enfants de la Creuse ».

Malheureusement, cette pratique n'est pas spécifique à l'histoire coloniale française. Au Canada, du XIXe au XXe siècle, des centaines de milliers d'enfants autochtones ont été arraché·e·s à leurs familles pour être placé·e·s dans des pensionnats souvent insalubres : à l'époque, le mot d'ordre était de « tuer l'Indien dans l'enfant ».

De manière analogue, entre 1962 et 1972, en Suisse, afin d'éradiquer le mode de vie nomade, plus de 600 enfants yéniches (communauté des gens du voyage) sont arraché·e·s à leurs familles et placé·e·s dans des orphelinats ou des maisons de correction.

Héritages postcoloniaux

Cette histoire est aussi tragique que peu connue. Le passé a des moyens qui lui sont propres de se poursuivre dans le présent, d'autant plus quand il reste impensé, c'est-à-dire non raconté. D'où la nécessité de parler davantage des logiques coloniales à l'école.

LA VIANDE DANS LES CANTINES SCOLAIRES, UNE POLÉMIQUE AU CROISEMENT DES OPPRESSIONS

Pour finir ce parcours, malheureusement loin d'être exhaustif, sur les discriminations racistes quotidiennes à l'école, je ne pouvais pas ne pas parler des polémiques qui entourent le *halal* dans les cantines. Sans surprise, celles-ci s'accompagnent souvent d'une stigmatisation de la communauté musulmane, présentée comme un double danger pour la « culture française » : menace contre la « laïcité », et menace contre la tradition culinaire française. Ce faisant, on véhicule l'idée raciste selon laquelle les Français·e·s musulman·e·s seraient extérieur·e·s à la culture française et, donc, des Français·e·s de seconde zone.

Ainsi, en 2015, le maire alors UMP de Châlon-sur-Saône, Gilles Platret, décide de mettre fin aux menus de substitution proposés dans les cantines scolaires de sa commune quand du porc est servi, au motif que cela reviendrait à « opérer une discrimination entre les enfants, ce qui ne peut être accepté dans le cadre d'une République laïque[95] ». En imposant un repas qu'une partie de la population ne mange pas, cette loi traite *différemment* les élèves ; et pourtant, selon les dires de l'élu, c'est la tentative de trouver une solution pour tou·te·s qui serait discriminatoire. C'est cette même rhétorique du « vivre-ensemble », de « l'union » contre le « communautarisme » que se voit opposer Fatima Ouassak quand elle commence à militer pour une alternative végétarienne dans les cantines[96].

---

95. « Le maire de Chalon-sur-Saône supprime le menu de substitution au porc, la polémique enfle », article de *L'Express* avec l'AFP, le 17 mars 2015. Disponible en ligne. Consulté le 31 janvier 2022.

96. Il faut à tout prix lire le récit qu'elle fait de son combat dans *La Puissance des mères*, *op. cit.*

En transformant l'alternative végétarienne dans les cantines en une revendication pour le *halal*, ces discours stigmatisent les musulman·e·s et invisibilisent les autres communautés – comme on dit : diviser pour mieux régner. En effet, les musulman·e·s pratiquant·e·s ne sont pas les seul·e·s à être touché·e·s par la surreprésentation des protéines carnées dans les cantines scolaires : rappelons que les juif·ve·s pratiquant·e·s ne mangent pas de porc et pas de viande qui ne serait pas *casher*. Par ailleurs, certain·e·s hindou·e·s et bouddhistes s'abstiennent de manger de la viande. Enfin, de plus en plus de jeunes deviennent végétarien·ne·s ou végan·e·s. Présenter l'alternative végétarienne comme un enjeu uniquement musulman, c'est faire preuve de racisme, séparer les luttes, tout en véhiculant souvent des clichés classistes.

En effet, l'argument souvent évoqué pour le maintien des menus carnés est de donner aux enfants « populaires » l'occasion de manger de la viande au moins une fois par jour. C'est ce qu'a affirmé en février 2021 Gérard Darmanin, alors ministre de l'Intérieur, suite à l'instauration d'un menu végétarien unique dans les cantines scolaires lyonnaises : « En plus de l'insulte inacceptable aux agriculteurs et aux bouchers français, on voit bien que la politique moraliste et élitiste des « Verts » exclut les classes populaires. De nombreux enfants n'ont souvent que la cantine pour manger de la viande... Idéologie scandaleuse[97]. » En plus d'attester l'influence du lobby de la viande (qui, rappelons-le, intervient régulièrement dans les écoles !), les propos décrivent le contraire de la réalité contemporaine : aujourd'hui, les classes défavorisées sont celles qui consomment le plus de viande. Par ailleurs, l'OMS alerte depuis longtemps sur le danger que représente la surconsommation de la viande, notamment la viande

97. Tweet daté du 19 février 2021.

rouge. Et puis, l'introduction d'un menu végétarien dans les cantines ne permettrait pas seulement à tou·te·s les enfants de manger leur repas à la même enseigne. Il répond aussi à l'urgence de la lutte contre l'élevage industriel et l'exploitation de millions d'animaux non humains[98] dans des conditions éthiques inadmissibles.

« Nommer les dominant·e·s, c'est mettre le monde à l'envers[99] ! »

Que fait-on pour combattre les dynamiques racistes à l'école ? Pour mettre fin à la stigmatisation, l'altérisation et la délégitimation que subissent les enfants non blanc·he·s et leurs familles à l'école ?

Individuellement, il y a tou·te·s ces enseignant·e·s qui essaient d'endiguer des oppressions qui les dépassent, qui cherchent à donner voix à leurs élèves, à les écouter, à dire l'histoire, même quand elle contredit le roman national officiel. Dans *Tu ressembles à une juive*, Cloé Korman raconte être arrivée en Seine-Saint-Denis cinq ans après la mort de Zyed

98. Cette expression traduit la volonté de remettre les humain·e·s au sein du vivant en rappelant qu'iels sont également des animaux.

99. Une magnifique expression tirée du livre d'Alexandra Pierre, *Empreintes de résistance. Filiations et récits de femmes autochtones, noires et racisées*, Éditions du remue-ménage, 2021.

et Bouna. Elle veut écrire un roman sur les émeutes, raconté du point de vue des adolescent·e·s, alors elle décide de faire parler celleux qui sont concerné·e·s : ses élèves. Pendant cinq ans, elle anime un atelier d'écriture où ces jeunes peuvent « parler eux-mêmes de leur ville, raconter ses habitants, et cela leur apparaît immédiatement comme un acte de résistance, un récit alternatif à ceux que proposent les médias[100] ». C'est ainsi que l'école pourrait devenir un lieu où les jeunes se réapproprient leur voix, leur puissance d'agir.

Toutefois, aussi fortes soient-elles, ces initiatives individuelles ne suffisent pas à camoufler le silence retentissant du discours public face au racisme à l'école. Parce que ce qui résonne dans les médias, comme dans les discours politiques, ce ne sont pas les conséquences traumatiques des discriminations vécues à l'école par des milliers de jeunes, ni les moyens pour lutter contre ces faits ; ce qui résonne, c'est l'attaque contre l'antiracisme politique – voire la tentative d'interdire la lutte.

En 2017, le syndicat SUD Éducation 93 organise une formation à destination des enseignant·e·s intéressé·e·s sur le thème suivant : « Au croisement des oppressions – Où en est-on de l'antiracisme à l'école ? » Parmi les neuf ateliers proposés, deux étaient organisés en « non-mixité raciale », c'est-à-dire qu'ils réunissaient uniquement des personnes perçues comme non blanches. Ce type d'organisation est fréquemment sollicité par les milieux militants, en particulier féministes ou LGBTQI+, afin de créer des espaces de parole où les personnes minorisées peuvent s'exprimer librement sur les discriminations qu'iels subissent, sans craindre qu'on délégitime leurs vécus.

---

100. Cloé Korman, *Tu ressembles à une juive*, *op. cit.*

Très vite, la polémique monte sur les réseaux sociaux, gonflée ensuite par l'extrême droite. Quelques jours plus tard, la députée La République en marche Cécile Rilhac prend à partie le ministre de l'Éducation nationale à l'Assemblé nationale. Elle condamne le fait que SUD organise des réunions en non-mixité pour parler du racisme en proclamant que « cette méthode démontre un manque de confiance en l'autre simplement parce qu'il est différent[101] ». Elle dénonce ensuite l'instrumentalisation de la polémique par la fachosphère et, renvoyant l'extrême droite et l'antiracisme politique dos à dos, elle se présente dans une position d'équilibre qu'elle associe à l'institution scolaire : « Cette conception étroite de la discussion ne peut aller de pair avec la conception d'ouverture et de partage qu'incarne l'Éducation nationale. » Pour prouver l'investissement de l'école dans ce qui représente pour elle le *bon* antiracisme, elle se prend en exemple : « En tant qu'enseignante et cheffe d'établissement, j'ai toujours combattu ces idées. »

La réponse du ministre de l'Éducation nationale est assez significative pour être entièrement citée : « Tous les hommes naissent libres et égaux en droit. C'est l'article premier de la Déclaration des droits de l'homme du 26 août 1789 qui, je pense, est à l'origine de l'engagement de tous les membres de cette assemblée. C'est aussi ce que professe notre institution scolaire, et tout ce qui met en cause ce fondement de notre République, de notre histoire républicaine, est évidemment très grave. J'ai évidemment pris connaissance avec beaucoup de tristesse de ce que vous venez de rappeler. »

101. Toutes les citations sont tirées de la vidéo partagée par le compte Twitter de l'Assemblée nationale le 21 novembre 2017.

Il mentionne ensuite les « ateliers non racialisés » (qui n'est pas l'expression utilisée par Sud Éducation) et commente : « L'expression même utilisée est absolument scandaleuse. Elle ne peut pas avoir sa place dans l'Éducation nationale. »

Une première salve d'applaudissements retentit. Fort de l'approbation de la salle, Jean-Michel Blanquer poursuit en montant d'un ton : « On parle de non-mixité raciale, on parle de blanchité, on parle de racisé·e·s, c'est-à-dire que les mots les plus épouvantables du vocabulaire politique sont utilisés au nom de l'antiracisme alors qu'en fait ils véhiculent évidemment un racisme. C'est pourquoi, puisque ce syndicat a aussi décidé de parler de racisme d'État, j'ai décidé de porter plainte pour diffamation contre SUD Éducation 93. »

Une nouvelle fois, l'Assemblé nationale applaudit. À la suite de quelques précisions supplémentaires, le ministre termine : « Je pense que nous devons avoir l'unanimité de la représentation nationale contre cette vision de l'homme. »

À aucun moment, le ministre de l'Éducation nationale n'évoque les raisons pour lesquelles SUD Éducation organise une formation contre le racisme. En reprenant une rhétorique bien connue, selon lui, c'est même l'antiracisme qui est un racisme. Pourquoi ? Tout simplement parce que l'antiracisme emploie des mots servant à nommer la dynamique raciale (« racisés », « blanchité ») ; mais aussi parce qu'en disant que les personnes victimes de racisme peuvent se sentir plus à l'aise pour en parler en non-mixité, l'antiracisme atteste la continuité du racisme dans le présent et les institutions publiques. Autrement dit, pour l'homme politique, en cherchant à nommer l'expérience raciste, à mettre des mots sur les dynamiques particulières d'oppressions et de privilèges qui tissent la réalité quotidienne et structurelle du racisme, l'antiracisme serait un racisme. Ce retournement sert une stratégie politique : plus ou moins intentionnellement, il invisibilise le racisme et, surtout, il cherche à empêcher les personnes qui le subissent de le combattre.

Qu'on le veuille ou non, ce n'est pas n'importe qui qui le dit, n'importe où, n'importe comment. C'est un représentant de l'État, de l'école, à l'Assemblée nationale, à grand renfort d'arguments d'autorité. Comment comprendre l'ironie cruelle de la mention de la Déclaration des droits de l'homme sinon comme une manière d'universaliser le débat, de le naturaliser même, quitte à rendre toute contestation inenvisageable ? *Évidemment*, répète trois fois le ministre de l'Éducation nationale, et cette *évidence*, approuvée par les applaudissements tonitruants de l'Assemblée, est épaulée par l'affirmation d'un « nous », lui aussi asséné à plusieurs reprises : *notre* institution scolaire, *notre* République, *notre* histoire républicaine. Que sert à désigner ce « nous » ? Son gouvernement ? Son parti politique ? Les élu·e·s de la classe politique ? Les Français·e·s ? Les humain·e·s, ou comme il le dirait plutôt, les hommes ? Qui est cette communauté pour laquelle l'antiracisme est *évidemment* un racisme ?

Que le ministre ne le précise pas est symptomatique : en ne lui donnant pas de nom, en la présentant comme évidente, il réitère le mythe d'une communauté politique hors sol, hors temps et hors société, une communauté qui se présente comme universelle, mais dont « l'universalisme autoproclamé est en réalité l'affirmation déguisée de l'identité majoritaire[102] ».

Et cet universalisme, c'est l'école qui nous l'apprend.

---

102. Rokhaya Diallo, Grace Ly, *Kiffe ta race*, *op. cit.*

J'ai été plutôt heureuse et épanouie à l'école, je dirais même : privilégiée. Et pourtant, c'est là que, d'abord sous la forme d'une intuition mal formulée, s'est forgée mon allergie à l'universalisme. Pas l'universel concret et véritablement inclusif, mais celui que Julien Saudeau et Mame-Fatou Niang appellent un « pseudo-universalisme » au nom duquel certain·e·s s'arrogent un « monopole de l'universel[103] ». Ce n'est sûrement pas un hasard si Rokhaya Diallo utilise également une métaphore économique quand elle écrit que « l'universalisme est ainsi privatisé au profit du discours dominant qui organise sa défense en désignant les voix minoritaires comme menaçantes à son égard[104] ». Avec ses polémiques permanentes sur le voile, les signes distinctifs, le *halal* dans les cantines, l'école est le terrain sur lequel cet universalisme est mis en pratique. Là où chacun·e apprend à décider qui appartient à l'universel et qui en est exclu·e.

Une histoire me revient. L'année dernière, mon mari a surveillé le brevet de français. Il a accueilli dans la salle préparée à cet effet les collégien·ne·s, distribué les copies officielles, édicté les règles. À la fin, il a demandé aux élèves de bien vérifier qu'iels n'avaient pas mis de *signes distinctifs* dans leur copie ; ce qui signifie simplement que les élèves ne doivent pas briser la règle d'anonymat, en citant, par exemple, leur nom ou celui de leur établissement. Paniquée, une élève a levé la main et déclaré : « Mais moi, j'ai mis le "e" du féminin dans mes réponses ! »

L'expression « signes distinctifs », souvent employée dans le contexte scolaire pour qualifier les attributs religieux qu'on appelle « ostentatoires » et prétendument contraires au *neutre*,

103. Mame-Fatou Niang et Julien Saudeau, *Universalisme*, Éditions Anamosa, 2022.

104. Rokhaya Diallo, « Universalisme », *Feu ! Abécédaire des féminismes présents*, coordonné par Elsa Dorlin, Libertalia, Montreuil, 2021.

s'est télescopée dans l'esprit de l'élève avec l'accord du féminin pour former cette idée aussi absurde qu'effective : être une fille, ou plus précisément ne pas être un garçon, est devenu un signe distinctif, un pas de côté par rapport au neutre ; quelque chose que je dois cacher si je veux rentrer dans le moule républicain, dans la communauté du « nous » universaliste. Pour cette élève, suivre les règles de la grammaire, c'était braver l'universel, c'était oser *exister*, et risquer donc d'en être punie. Et tout cela, à l'école.

Ce que révèlent ces événements, c'est le risque que le langage peut représenter pour celleux qui veulent maintenir des hiérarchies.

Nommer l'oppression, donner un nom à l'oppresseur·se, dire le sien quand on est opprimé·e ; voilà ce que la classe dominante cherche *concrètement* à faire taire. Voilà ce qui fait peur au pouvoir ; voilà donc notre marge de manœuvre. Parce que si la victime de discrimination est celle qui est stigmatisée, altérisée, en un mot, *désignée*, on peut retourner la médaille, et crier à celleux qui se présentent comme anonymes, universel·le·s, qu'elleux aussi ont un nom. « Nommer les dominant·e·s, c'est mettre le monde à l'envers ! »

C'est ce que les détracteur·rice·s de la formation organisée par SUD ne pouvaient pas supporter : pour une fois, les hommes et femmes blanc·he·s avaient un nom. Iels étaient désigné·e·s, iels avaient une histoire, une identité, des privilèges.

Mais iels auront beau chercher à se cacher derrière un « nous » hors sol et évident uniquement pour elleux-mêmes, cela ne changera rien. Parce que maintenant, on sait ce qui fait trembler le pouvoir. Qu'on le nomme. Qu'on nomme ce faux « nous » véhiculé dans les programmes scolaires, dans le discours que l'institution entretient sur elle-même. Qu'on rappelle à l'école – comme à l'État – son histoire : non pas seulement celle de l'éducation, mais d'*une* éducation, située dans le temps, et dont la forme moderne a été rendue possible par un homme qui proclamait en 1885 devant la Chambre des députés : « Il y a pour les races supérieures un droit, parce qu'il y a un devoir pour elles. Elles ont le droit de civiliser les races inférieures[105]. » Une école née aussi de la volonté de « clore l'ère des Révolutions[106] ». Une institution qui, historiquement, s'est servie du drapeau de l'universel pour exercer un contrôle social sur tou·te·s celleux qu'elle altérisait.

Ce n'est qu'en la questionnant, en faisant cesser l'amnésie, en désignant les continuités du passé dans le présent, en détruisant le roman national, qu'on peut envisager une école qui soit véritablement opposée à l'ordre social, antioppressive et émancipatrice. Une éducation, comme l'écrivait bell hooks, comme « pratique de la liberté ».

105. Et le contexte n'était pas alors une excuse. Le député Joseph Fabre faisait déjà cette réponse à Jules Ferry : « C'est excessif ! Vous aboutissez ainsi à l'abdication des principes de 1789 et de 1848…, à la consécration de la loi de grâce remplaçant la loi de justice. » Les deux citations sont extraites du site de l'Assemblée nationale.

106. Discours de Jules Ferry devant le conseil général des Vosges, 1879. Cité dans *Apprendre à désobéir. Petite histoire de l'école qui résiste*, de Laurence Biberfeld et Grégory Chambat, Libertalia, Montreuil, 2019.

Chapitre 4

Une histoire du maintien de l'ordre social

TOUT EST POSSIBLE… SAUF POUR CELLEUX POUR QUI ÇA NE L'EST PAS

Tout est possible. Quand on veut on peut. Ces petites phrases ont le charme désuet et mensonger des films des années 1990, cette période où les *happy few* pouvaient tranquillement penser que le capitalisme avait fait ses preuves, non pas comme le meilleur des systèmes, mais le seul *possible* ; le seul à même de garantir libertés, égalité entre puissant·e·s, et pouvoir d'achat. Et pourtant, le monde était loin d'être beau, juste ou égalitaire ; alors pour ne pas perdre le confort de l'illusion, il y avait tous ces films rassurants, parfaits pour vendre le rêve américain du self-made-man, cet homme cis, blanc, valide, mince (mais musclé !) pour qui tout est possible.

Rocky est le parangon du genre : racontant l'histoire d'un boxeur amateur, immigré et issu d'une classe populaire, qui parvient à surmonter les obstacles sociaux et physiques afin de devenir un véritable champion de boxe, le film exalte la toute-puissance de la volonté du héros. La scène de la course à travers Philadelphie matérialise la résilience du jeune boxeur, sa capacité à transgresser les frontières sociales. Dans la lumière blafarde du petit matin, juste après avoir gobé ses jaunes d'œufs crus (l'homme capitaliste a besoin de ses protéines !), Rocky commence un footing dans les rues désertes des quartiers populaires de Philadelphie ; et puis le soleil se lève, accompagné de la voix tonitruante de Bill Conti qui déclame : « *Trying hard now / It's so hard now [...]/ Getting strong now / Won't be long now [...] / Gonna fly now / Flying high now*[107]. » Les paroles explicitent la scène avec une clarté presque exagérée : pour résumer, au début, c'est très dur, mais en faisant beaucoup d'efforts, on peut aller jusqu'à voler... D'ailleurs, la foulée de Rocky, d'abord peu engageante, devient de plus en plus rapide : quand on le voit courir, on y croit presque : tout est possible. Les quartiers populaires sont loin maintenant : voilà que Rocky arrive devant le musée des Beaux-Arts, haut temple de la culture légitime et des classes dominantes. Rien ne l'arrête plus, grimpant les escaliers quatre à quatre, il parvient jusqu'à l'esplanade du musée : de là-haut, voilà que la ville tout entière s'offre à lui. Il a réussi. Qui veut peut.

N'ayant moi-même jamais visionné *Rocky*, j'ai découvert la scène en lisant la description qu'en fait la sociologue Annabelle Allouch dans un article[108] consacré à la critique du discours méritocratique véhiculé par l'institution scolaire. L'analogie avec ce que j'ai vécu dans l'ensemble de ma scolarité m'a aussitôt parlé.

Au premier abord, il peut paraître difficile d'apprécier le rapport entre *Rocky*, pur produit des États-Unis (qui nous semblent toujours plus capitalistes ou racistes que nous) et la méritocratie promue par l'institution scolaire française. C'est que le mythe de l'exception française a la peau dure. En France, dans le « berceau

---

107. Traduction personnelle : « Tant d'efforts / Tout est si dur maintenant [...] / Devenir fort·e dès à présent / Cela ne va plus être long [...] / Je vais voler / Voler très haut maintenant. »

108. Annabelle Allouch, « Qui veut peut », *in Manuel indocile de sciences sociales. Pour des savoirs résistants*, La Découverte, Paris, 2019.

des révolutions », on se croit mieux loti·e·s qu'ailleurs : chez nous, ce ne serait pas la classe sociale qui conditionne la réussite ou l'accès au pouvoir, mais le mérite, concept aussi flou que magique dans la bouche de celleux qui l'exaltent. D'ailleurs, de l'école de la Troisième République, gratuite seulement en primaire et instituée par un conservateur misogyne et raciste, on retient seulement ses enseignant·e·s issu·e·s des classes populaires. Biberonné·e·s aux légendes et fantasmes sur l'école républicaine, on est convaincu·e·s que, chez nous, le mérite s'acquiert par la culture, l'intelligence, toutes ces pratiques infiniment nobles, triomphalement innocentes, à mille lieues de la cupidité des capitalistes américain·e·s.

Pourtant, d'un monde à l'autre, des bancs poussiéreux de l'école républicaine au film hollywoodien, une similarité : l'idée que celleux qui ont « réussi » l'ont *mérité*. Et donc, en contrepartie, que celleux qui n'ont pas *réussi* ne l'ont pas vraiment *voulu*. D'une culture à l'autre, *vouloir* ne revêt pas exactement la même signification : chez nous en France, la musique est plus lente, plus classique, et il faudrait probablement remplacer le footing par une balade le long de la Seine, devant les bouquinistes, avec une clope au bec. À la fin de la journée, le résultat est le même, on peut se coucher tranquille : le monde est juste tel qu'il est. Selon ce principe, les inégalités, les hiérarchies, les rapports de domination ne traduisent pas une société fondamentalement inégalitaire, mais les différences entre les efforts dispensés par chacun·e.

Toutefois le mythe ne tient pas longtemps face à la réalité. Parce que si l'école, et plus tard la société, récompensait vraiment celleux qui le méritent, les classes sociales devraient être également représentées aux postes de pouvoir. En outre, si on avait *vraiment* ce qu'on mérite, il faudrait que *tous les efforts* payent et pas seulement ceux dispensés par la classe dominante.

Or ce qui existe c'est une société où, non seulement, pour mériter, il faut avoir hérité d'un capital économique ou culturel, mais où les individus sont rendus responsables de ne pas avoir hérité. Et l'école est au cœur de ce système de reproduction et de justification des inégalités.

C'est ce que la sociologie a mis en évidence par des analyses qui ont fait date comme celles de Pierre Bourdieu et Jean-Claude Passeron[109]. Pour les deux universitaires, l'école ne représente ni l'occasion d'une mobilité sociale, ni le terrain où peut s'épanouir le talent, mais l'institution qui consacre la reproduction sociale. Qu'est-ce que cela signifie ? Tout simplement que les hiérarchies sociales sont répliquées, renouvelées par l'école qui, avec le prestige dont elle bénéficie, légitime les inégalités au nom d'une culture érigée comme critère de distinction sociale. Comment, en effet, peut-on défendre qu'il n'y a qu'une seule culture, et qu'elle est également accessible à tou·te·s, quand, dès la maternelle, les enfants ont des vécus, des imaginaires, des langages, des rapports à l'autorité différents en fonction de leur classe sociale ? C'est cet écueil que Bernard Lahire et une équipe de sociologues mettent au grand jour après avoir mené une immense enquête auprès des enfants d'école maternelle, consignée en 2019 dans le livre *Enfances de classe. De l'inégalité parmi les enfants.* Dans ce cadre, on voit bien à quel point le critère du mérite sert de cache-misère. Parce que c'est un terme flou, jamais défini explicitement, et privatisé par la classe dominante,

---

109. Pierre Bourdieu et Jean-Claude Passeron, *Les Héritiers. Les étudiants et la culture*, Les Éditions de Minuit, Paris, 1964, et *La Reproduction. Éléments pour une théorie du système d'enseignement*, Les Éditions de Minuit, Paris, 1970 ; et Pierre Bourdieu, *La Distinction. Critique sociale du jugement*, Les Éditions de Minuit, Paris, 1979.

« le mérite est un mode de justification des inégalités très commode[110] », et s'adaptant très bien à une mise en concurrence des individus et des jeunes de la logique capitaliste et néolibérale.

Autrement dit, de l'école explicitement inégalitaire de Jules Ferry, en passant par le mythe de la méritocratie républicaine, jusqu'à l'école ouverte sur l'entreprise néolibérale, l'institution scolaire a plutôt servi à légitimer les inégalités qu'à les combattre. C'est ce continuum de l'inégalité que je voudrais aborder enfin, non pas depuis la grande histoire, mais de biais, en partant de mon parcours, de mon expérience des concours, des grandes écoles, mais aussi du collège et de l'école d'aujourd'hui ; et cela pour dessiner la trajectoire d'une institution qui, en-deçà de la légende, sert à maintenir l'ordre social.

VOUS ÊTES L'ÉLITE DE LA NATION… ET VOUS L'AVEZ MÉRITÉ !

En apparence, mon parcours a tout du cliché de l'excellence à la française. Après une classe préparatoire littéraire, j'ai intégré l'ENS et obtenu le concours de l'agrégation, avant de commencer un doctorat. Toutefois, quand je regarde en arrière, ce qui ressort, ce n'est pas la consécration d'un mérite, mais l'effort constant de l'institution scolaire pour légitimer son système de

110. « Le mérite est un mode de justification des inégalités très commode », entretien avec Annabelle Allouch. Propos recueillis par Alice Raybaud, 2 septembre 2021, *Le Monde*.

sélection, camoufler les inégalités qu'elle reproduit et les mécanismes de domination qu'elle perpétue.

Élevée par ma mère au sein d'une famille monoparentale – et donc dévalorisée par la norme hétéropatriarcale –, nouvellement arrivée en France à 9 ans, j'étais en quelque sorte la bonne candidate pour asseoir la légitimité du système éducatif français : regardez, pouvait-on dire, c'est une *immigrée*, élevée par une mère seule, boursière qui plus est, et la voilà à l'ENS. Vous voyez : *quand on veut, on peut !*

Ainsi racontée, ce que l'histoire ne dit pas, c'est tous les autres éléments qui jouaient en ma faveur dans la société telle qu'elle est. La mère seule est en fait enseignante de langues dans le supérieur, et ma double culture franco-italienne est constamment valorisée à l'école. Je parle italien, il était donc tout naturel que je choisisse l'option latin. De la cinquième à l'agrégation, j'essaye donc de déchiffrer et de traduire les mêmes textes patriarcaux et insipides énumérant à l'infini les vertus viriles des sénateurs, la conquête de Carthage, ou la rhétorique de Cicéron.

J'étudie dans l'école et le collège de mon secteur, dans un quartier populaire, en voie de gentrification, mélangeant des habitats ouvriers et des tours construites pour l'immigration postcoloniale. Quand j'arrive dans mon lycée, en plein centre-ville, soudain, il n'y a plus que des Blanc·he·s de classe moyenne. Je suis très vite confrontée à la compétition à la française : dès la classe de première, mon enseignante de lettres m'inscrit au concours général. La même année, le proviseur de la prépa de ma ville intervient dans mon lycée pour présenter les classes préparatoires. Costume bien coupé, expression bienveillante, cheveux poivre et sel, grand, blanc, mince : il incarne à lui seul l'homme légitime. Je me souviens précisément de ses mots : « Nos deux lycées entretiennent depuis toujours une relation privilégiée. » À l'entendre parler, le monde lointain et inaccessible de la classe prépa semble se rapprocher pour devenir une évidence – et pour nous, de fait, ça l'était.

Deux ans plus tard, je suis arrivée en hypokhâgne – première année de prépa littéraire. Mon seul objectif à l'époque était de passer en khâgne – en deuxième année, donc, ce qui me permettrait d'éviter les deux premières années à l'université, qu'on m'a dépeinte comme une zone de non-droit – à peine quelques heures de cours, locaux insalubres, impossibilité de réussir... – où une élève comme moi ne devrait jamais mettre les pieds avant le doctorat. Ces clichés, une fois qu'on retire leur patine élitiste, disent pourtant la réalité, d'année en année plus violente : en prépa, un·e élève coûte 15 100 euros par an à la collectivité tandis qu'un·e étudiant·e d'université coûte 10 200 euros[111] – et encore, d'une université à l'autre, les écarts se décuplent. Concrètement cela donne des universités sous-dotées où les enseignant·e·s titulaires sont loin de pouvoir assurer toutes les heures de cours. Plus concrètement encore, cela signifie que des centaines d'étudiant·e·s se retrouvent « sans fac », c'est-à-dire sans proposition de licence ou de master.

Le jour de la rentrée en hypokhâgne, donc, notre professeur principal nous a d'emblée expliqué que les notes ne descendraient pas en dessous de 6/20 avant les vacances d'octobre. Par rapport à ce qu'on avait imaginé, cela avait tout l'air d'une faveur inestimable. D'ailleurs, je me suis vite rendu compte que nos enseignant·e·s affichaient un comportement globalement bienveillant. C'est que, dans notre prépa de province, les conditions

---

111. Voir : « École : combien coûtent les élèves », Observatoire des inégalités, 23 novembre 2018.

étaient considérablement moins dures que dans les prépas parisiennes. J'ai appris plus tard auprès de mes ami·e·s venu·e·s d'Henri-IV, Louis-le-Grand ou Fénelon que chez elleux, les pires mythes sur la prépa se vérifiaient. Chez nous, c'était plutôt une autorité (faussement) douce qui vous enveloppe et vous endort. Toutes les injustices et les disciplines imposées à nos corps semblaient se perdre dans un halo d'acceptabilité : ces jours d'hiver où on apercevait à peine la lumière du jour, l'élève avec des yeux si cernés qu'on se demandait si elle s'était maquillée, celle qui partait d'un concours blanc en pleurant et ne revenait pas, les fenêtres de l'internat qui ne s'ouvraient pas totalement pour éviter les suicides, les corps fragilisés par l'angoisse, l'épuisement et la perte de poids… aujourd'hui, impossible de ne pas y voir le signe d'un système pourri de l'intérieur. À l'époque, on trouvait ça normal, c'était « le jeu », même : certain·e·s y arriveraient, d'autres pas. On savait dès le départ qu'on perdrait des camarades en cours de route. Et on y allait quand même.

En khâgne, cela va sans dire que, bonne élève que j'étais, j'ai travaillé d'arrache-pied pour préparer le concours d'entrée à l'ENS. Celui-ci se présentait à l'époque sous la forme d'une semaine d'épreuves écrites d'environ cinq heures chacune, réalisées simultanément dans toute la France, suivie d'une série d'oraux dans les locaux de l'ENS. Un souvenir m'a particulièrement marquée. Une demi-heure avant la fin de l'épreuve écrite de français, un·e candidat·e a lancé une fausse alerte à la bombe dans l'un des plus importants centres d'épreuves parisiens. C'est la débandade. Les candidat·e·s sont évacué·e·s et restent plusieurs heures dehors avant qu'on leur permette de rentrer finir leur travail.

Le soir, on apprend que l'épreuve est annulée pour toute la France, et que nous devons la repasser le samedi suivant, à l'issue d'une semaine déjà éreintante. L'explication invoquée paraît pleine de bonnes intentions : puisque certain·e·s ont pu échanger quelques informations avant de rédiger à la va-vite leur conclusion, nous n'avons pas tou·te·s réalisé l'épreuve dans les mêmes conditions. L'égalité des chances *propre* au concours n'a pas pu être garantie.

Ce qu'on nous faisait ainsi comprendre, c'est que, sans cet accident, nous aurions tou·te·s été *par principe* dans les mêmes conditions, et que les différents milieux desquels nous étions issu·e·s, les préparations différentes dont nous avions bénéficié en fonction de nos lycées d'origine, toutes ces spécificités auraient été effacées comme par magie par le simple fait de passer la même épreuve simultanément et anonymement. En un mot, que le concours, parangon de la méritocratie à la française, était un moyen juste de sélectionner celleux qui *méritent* plus que les autres.

Rien de plus faux. Pour ne donner qu'un exemple : j'avais mes règles pendant le concours. Mon ventre me faisait souffrir, j'étais fatiguée. Le deuxième jour, là où mon flux est le plus abondant, mon esprit était occupé à se demander si le sang n'allait pas dépasser de ma culotte pour faire une tache sur mon pantalon. Je me rendais donc plus souvent aux toilettes. De fait, sur ce point, j'étais désavantagée par rapport à une personne qui n'avait pas cette préoccupation. Il n'existe pas un moyen *juste* de faire la compétition et délivrer des privilèges.

L'ÉGALITÉ DES CHANCES

À première vue, le concept d'« égalité des chances », introduit à l'école autour des années 1960, a tout pour séduire. Allant plus loin que l'égalité des droits, l'égalité des chances implique que l'école s'efforcerait de donner les « mêmes chances » de réussite à tous les enfants, indépendamment de leur classe sociale, genre, « race », « handicap », origine géographique, etc.

Pour autant, l'égalité des chances n'est pas fondée sur la volonté de comprendre les mécanismes de reproduction sociale ni, encore moins, de lutter activement contre les inégalités. Au contraire, elle s'appuie sur l'idée d'une libre compétition des individus, lesquels se distingueraient nécessairement en fonction de qualités individuelles, une fois que les différences sociales auraient été (prétendument !) neutralisées. L'égalité des chances implique donc la concurrence comme système d'organisation sociale.

En outre, l'égalité des chances est souvent employée comme un principe rétroactif et culpabilisateur. Elle fait passer un message aux élèves et à leur famille : vous aviez les mêmes chances de réussir… si vous ne l'avez pas fait, c'est de votre faute ; et pas à cause d'une société et d'un système scolaire fondamentalement inégalitaire. Comme l'écrit Ruwen Ogien, les politiques d'égalité des chances « supposent que le système de compétition étant lui-même juste et ouvert, les échecs, les exclusions, les misères enracinées proviennent des incompétences personnelles des compétiteurs[112] ». Elles relèveraient de la responsabilité individuelle et non d'injustices sociales.

Le jour où j'ai appris que j'avais réussi le concours, j'ai pleuré, pas de joie mais de dépit – ce qui ne signifiait pas, bien sûr, que je n'étais pas satisfaite.

Quand je suis arrivée dans le hall de l'ENS pour consulter les listes affichant les noms de celleux qui deviendraient des normalien·ne·s, il y avait tellement de monde que je n'ai pas pu me rapprocher. C'est donc Marine, une fille qui avait cubé[113] dans ma classe, et qui était la personne la plus sérieuse que je connaissais, qui m'a appris la « bonne nouvelle ». Elle se tenait juste à côté du panneau d'affichage, et elle m'a fait un signe de tête pour m'indiquer que pour moi, c'était bon. *Pour moi, pas pour elle.* Autour de nous, les cris de celleux qui avaient *réussi* se mêlaient aux pleurs de celleux qui avaient échoué. Ce n'était pas un beau moment.

« Vous êtes l'élite de la nation » : le jour de la rentrée, c'est par ces mots que le directeur de l'ENS a commencé son discours d'accueil à notre promotion.

Sur le moment, je ne me sentais pas du tout l'élite de la nation, ni de rien du tout d'ailleurs. J'avais passé la nuit dans un Formule 1 pas très loin du campus, et je m'étais réveillée avec mes règles, mais sans aucune protection hygiénique. J'avais oublié d'en prendre dans ma trousse de toilette, tout comme

112. Ruwen Ogien, *La guerre aux pauvres commence à l'école. Sur la morale laïque*, Grasset, Paris, 2013.

113. Dans le lexique à part du monde des prépa, « cuber » signifie redoubler afin de repasser le(s) concours.

j'avais oublié d'inclure des chaussures dans ma valise, et même d'enfiler des chaussures tout court puisque j'étais partie de la maison de ma mère avec des tongs blanches absolument monstrueuses qui me servaient de chaussons. *Last but not least*, j'avais laissé sur mon bureau mon dossier d'inscription à l'ENS. Quand j'étais arrivée à la « chaîne d'inscription » (moment qui est depuis devenu l'un de mes cauchemars incarnés), la secrétaire m'avait demandé : « Mais vous avez quel âge ? » « Dix-huit ans », avais-je répondu sans comprendre l'ironie de sa question.

Autant dire que j'avais trouvé l'expression saugrenue, désagréable, mais que mon esprit était plutôt occupé par l'appréhension face à la nouveauté, et la crainte de me sentir un peu ridicule avec ces tongs blanches, à côté des Parisien·ne·s stylé·e·s qui m'entouraient.

Depuis, j'ai essayé de réfléchir au sens de cette amorce. Commençons par ce qu'elle ne voulait pas dire : dans un cadre où l'école est censée promouvoir l'égalité des chances, cette *élite* ne pouvait pas désigner des privilèges innés. Autrement, cela aurait été admettre que le sacro-saint concours avait échoué : que nous étions seulement assemblé·e·s en ce lieu du fait de la reproduction sociale. C'était donc un autre type de reconnaissance que nous offrait le directeur de l'ENS, une sorte de consécration ultime : celle d'avoir *mérité*, d'où que nous venions, par notre travail et notre souffrance, de devenir la classe dirigeante de la société.

Ce qui se jouait dans ces quelques mots, ce n'était rien de moins que la légitimation de la sélection que nous avions subie, celle visible du concours, mais aussi de toutes les autres invisibles avant lui, et donc la naturalisation des privilèges dont nous allions bénéficier : la possibilité de pouvoir se présenter à vie comme normalien·ne, la conscience que cela « nous ouvrirait toutes les portes », que l'on pourrait passer avant les autres à l'université grâce à ce sobriquet aussi ridicule que suranné, mais surtout, le fait d'être payé·e·s pendant quatre ans, et donc nous consacrer tranquillement au développement de notre culture légitime. Parce que, de l'autre côté de la porte, les étudiant·e·s travaillent – iels sont près de la moitié à le faire – et pour nombreux·ses d'entre elleux, notamment celleux issu·e·s des milieux populaires, cela complexifie leur réussite universitaire.

Après quelques années de douce vie étudiante, le cycle des concours a fini par nous rattraper. L'élite de la nation, ce n'était en effet pas suffisant : il était temps maintenant d'écrémer un peu plus en passant l'agrégation, un concours qui délivre un poste dans l'enseignement public permettant d'être payé·e davantage qu'un·e certifié·e tout en travaillant moins (le temps complet en face à face avec les élèves d'un·e agrégé·e est de quinze heures, celui d'un·e certifié·e de dix-huit heures).

Si j'ai plutôt bien vécu le concours de l'ENS, j'ai détesté l'agrégation. J'étais lassée par le travail de bachotage conduisant à apprendre par cœur tout ce qu'il faut savoir sur un programme arbitraire (une liste d'œuvres majoritairement masculines et blanches). J'avais grandi et découvert avec la recherche un autre moyen d'appréhender la littérature et les savoirs. Dès le départ, je ne croyais pas vraiment au concours de l'ENS, mais je ne croyais plus du tout au concours de l'agrégation. J'étais gênée par les critères choisis pour nous sélectionner : la capacité à rester assis·e·s pendant sept heures d'affilée pour composer une dissertation à partir d'une citation d'un·e critique littéraire abscons·e, ou à connaître par cœur toutes les étapes d'évolution d'un mot du latin vers le français moderne. Et puis, je ne supportais plus le principe du concours, avec sa rhétorique méritocratique et la justification des privilèges qui allait avec.

J'ai passé des heures à lire les articles réunis sur le site de la Société des agrégé·e·s, principal organe de défense de l'agrégation en France, les trouvant tous plus insupportables les uns que les autres.

Pour écrire ces lignes, je suis retournée sur ce site. C'était comme une machine à remonter le temps. À chaque article, j'ai retrouvé le même sentiment d'accablement et d'incompréhension face au panégyrique du concours.

Prenons un exemple concret. Dans un papier datant de 2020, Blanche Lochmann, alors présidente de la Société, défend la nécessité de ne pas reporter les épreuves de l'agrégation dans le contexte de la pandémie de Covid-19. Elle convoque l'histoire du concours afin de montrer que l'agrégation aurait déjà résisté à des épreuves tout aussi difficiles que la pandémie. Les mots choisis sont très éclairants : on y apprend que l'agrégation est née sous l'Ancien Régime, a été ensuite ressuscitée pendant l'Empire, et a « survécu à deux guerres mondiales, aux manifestations de mai 68 jusque dans les centres d'examen ».

Dans la suite de l'article, cette histoire conservatrice et explicitement réactionnaire est justifiée par le mythe de la méritocratie : « Lors d'un concours, nous réunissons les champions pour sélectionner les meilleurs, et ça ne peut pas se passer autrement qu'en rassemblant tout le monde devant les mêmes exercices, passés dans les mêmes conditions. C'est la seule manière de garantir l'égalité des candidats, qui est un principe absolu du concours[114]. »

---

114. Blanche Lochmann, « Une épidémie ne doit pas remettre en cause le modèle républicain des concours », 3 avril 2020, *VousNousIls*, l'e-mag de l'éducation.

Il me semble qu'on ne peut pas trouver un exemple plus emblématique du mélange de l'imaginaire élitiste avec le discours néolibéral qui fait la spécificité plus ou moins bien cachée de la méritocratie. Sans compter l'association entre concours et égalité. Dans ces mots, il y a toute la violence du silence : ou plutôt de l'invisibilisation active des inégalités.

LES INÉGALITÉS SONT-ELLES NATURELLES ?

Naturaliser les inégalités est l'un des arguments favoris de la classe dominante pour couper court à toute remise en question de l'ordre social. Quand on y pense, c'est très bien trouvé : à force d'entendre que, de tout temps, il y avait des riches et des pauvres, des dominant·e·s et des dominé·e·s, on a moins envie de se révolter.

Pour contrer ces généralités souvent oppressives, l'histoire s'avère une arme de choix. Dans le cadre de l'école, en retraçant la généalogie des classes d'élite, le sociologue Paul Pasquali démonte par exemple le mythe de la fatalité des inégalités. Il montre qu'en France, des lendemains de la Commune jusqu'à Parcoursup et la refonte de l'ENA, en passant par Mai 68, les élites ont combattu pour préserver leurs privilèges et fermer les « filières d'excellence ». Comme l'explique la quatrième de couverture, « l'histoire de ces filières d'excellence révèle la pérennité d'un système héritocratique, grâce auquel des élites résolues à défendre leurs frontières et leurs intérêts parviennent à consacrer leur héritage comme un privilège mérité[115] ».

115. Paul Pasquali, *Héritocratie. Les élites, les grandes écoles et les mésaventures du mérite. 1870-2020*, Éditions La Découverte, Paris, 2021.

Pendant cette année d'agrégation, pour la première fois de ma vie d'élève très scolaire, je me suis autosabotée. La veille de mes oraux, j'ai fait la fête à Paris, comme un jour normal. À l'oral, je suis arrivée avec l'air en colère et prétentieux de celle qui pense qu'elle vaut mieux que tout ça. Malheureusement, ce n'était pas fini. En tant que normalienne, j'étais contrainte par la loi de passer un concours de catégorie A et, traditionnellement, d'obtenir l'agrégation. Quand j'ai parlé de la possibilité de me contenter du Capes à mon responsable de promotion, il ne m'a même pas répondu. Comme j'étais moins rebelle que je m'en donnais l'air, j'ai repassé le concours l'année suivante et, cette fois, je l'ai obtenu.

C'était une année de travail harassant, mais de mon point de vue, ce n'est pas le travail qui a seulement fait la différence. Ce qui m'a permis de réussir, cette fois-ci, c'est que j'ai cherché à adopter les codes du concours. J'ai joué le jeu que j'avais été formée toute ma vie à jouer. J'ai effacé mon corps, camouflé les traces de ma propre existence, mis en scène l'illusion d'une neutralité aussi factice que les formulations toutes faites des dissertations. À l'oral, je ne me suis pas maquillée (suivant les conseils de l'un de mes professeurs), je me suis habillée de telle manière à m'effacer le plus possible. J'avais envie d'uriner avant de passer devant le jury, mais je n'y suis pas allée. Je me souviens que la sensation désagréable m'aidait à me mettre dans les conditions du concours.

Quelques jours plus tard, mon nom a été proclamé en public dans la cour du lycée Molière à Paris, au « rang » qui lui *revenait* – c'était encore la manière de faire connaître les résultats de l'agrégation en 2013.

C'est ainsi que je suis devenue agrégée. C'est ainsi que je suis devenue enseignante.

L'ÉCOLE AU SERVICE DU CAPITALISME PATRIARCAL

De cette histoire, je tire un grand malaise face aux discours qui mettent l'école française « classique » sur un piédestal de justice et d'égalité. Parce qu'en s'appuyant sur la mise en concurrence, la légitimation des inégalités, le contrôle social, l'obsession de la note, la consécration d'une seule culture perçue comme légitime, l'institution scolaire est une machine à produire des places sociales hiérarchisées, qui n'a rien à envier à la logique capitaliste et néolibérale. C'est cette complicité que je voudrais explorer dans le fonctionnement de l'école primaire et secondaire, en examinant quelques expériences, moments, et histoires qui me semblent représentatifs.

ON EST/NAÎT LA NOTE QU'ON MÉRITE

J'ai été frappée, quand je suis arrivée au collège, par l'importance des notes pour tou·te·s les élèves, même celleux qui affichaient une posture plutôt détachée. J'ai le souvenir de ces marches à travers la cour, quand on va chercher les collégien·ne·s pour les conduire jusqu'à la salle de classe, et que deux ou trois d'entre elleux se rapprochent timidement pour demander : « Madame, vous avez corrigé nos devoirs ? Madame, vous avez nos notes ? » J'ai toujours été touchée par ce « Madame » prononcé à l'identique d'un·e élève à l'autre en traînant sur la dernière syllabe. Dans ces moments, pour elleux, vous êtes celui ou celle qui décide, au moins un peu, ce qu'iels représentent dans la société. Et je ne suis pas sûre de trouver cela justifié.

Pour rendre les copies, je fais ce que j'ai toujours détesté chez mes enseignant·e·s : j'attends les cinq dernières minutes avant la fin du cours. Derrière cette pratique en apparence sadique, une réalité simple : les élèves sont si ému·e·s, si bouleversé·e·s par l'attribution d'une note qu'il leur est très difficile de se concentrer à nouveau après en avoir pris connaissance. Ce n'est pas seulement leur note qui les intéresse, mais aussi celle des autres qu'iels apostrophent d'un bout à l'autre de la salle.

C'est que, dès le plus jeune âge, on les forme à dépendre de leur note. Si le travail est souvent difficile à comprendre, implicite, la note est visible. Elle leur dit quelque chose d'elleux-mêmes. Quelle que soit sa forme, la note est ce moment crucial dans leur quotidien où quelqu'un d'extérieur au cercle familial et intime définit la place qu'iels occupent dans le monde social par rapport aux autres.

Parce qu'on n'arrive pas à imaginer une école sans notes, on a au moins essayé de les rendre plus acceptables. Dans certains établissements, on tente ainsi de remplacer les traditionnelles notations chiffrées par des lettres, ou des « validations de compétences » qui se présentent sous la forme d'un code couleurs indiquant le niveau de validation d'une compétence, c'est-à-dire d'un savoir-faire préétabli par les programmes nationaux. Cette évolution traduit probablement la volonté de rendre la note moins hiérarchisante ; elle est d'ailleurs souvent pratiquée par des enseignant·e·s qui mettent la bienveillance au centre de leur pédagogie. Dans les faits, cela ne change rien. Comme l'écrit justement Nathalie Quintane, « la gueule qu'il tirait, l'élève, quand on lui rendait sa copie avec un D ou I comme Insuffisant, c'était exactement la même que quand on lui rendait un 0 ou un 04 auparavant[116] ». D'ailleurs, pour l'enseignante et poétesse, « l'évaluation fait partie de l'invariable mobilier scolaire, qui est le mobilier de toute institution publique ou privée, et la chaise que nous avons dans nos têtes quand nous voulons nous asseoir[117] ».

La métaphore de Nathalie Quintane me parle. Pour moi, cette chaise, c'est aussi celle des élèves, des jeunes, de chacun·e d'entre nous qui est passé·e par l'école : ce repère concret, matériel qui nous fixe à une place, nous assigne.

C'est pourquoi, et c'est toute la tragédie de corriger des copies quand on est enseignant·e, la note n'est pas qu'une note. Elle impose la bonne manière d'être et de faire et en définitive la place que vous *méritez* dans la société.

Pendant sa première année d'école, en petite section de maternelle donc, avant chaque période de vacances scolaires, ma fille ramenait à la maison son cahier d'activités. Sur la première page, l'enseignante conseillait de lire le cahier avec l'enfant : la restitution à la maison du travail fait en classe permet d'ancrer l'apprentissage. Ma fille est très bavarde à la maison, elle a déjà intégré les codes de l'école, et j'adore l'écouter me raconter ce qu'elle fait. Les activités en question ne sont pourtant pas toujours bien passionnantes, et les consignes que je lis au-dessus de son épaule me paraissent souvent normatives.

Et puis il y a eu ce moment où j'ai aperçu les petits visages colorés en haut à droite de chaque fiche : un visage vert et

116. Nathalie Quintane, *Un hamster à l'école*, La fabrique, Paris, 2021. Le texte est écrit sous forme de vers libres, mais pour une meilleure lisibilité dans la retranscription des citations, je n'ai pas pris en compte les passages à la ligne.

117. *Ibidem*.

souriant, un visage jaune indifférent, un visage rouge avec une bouche triste. Pour chaque exercice, l'un des visages était entouré par l'enseignante. J'ai alors compris que ma fille, 3 ans, était déjà notée.

Je me suis mise à feuilleter frénétiquement les fiches. Ce n'est pas que trouver des visages rouges m'aurait inquiétée pour l'avenir de ma fille ; ce qui m'inquiétait, c'est ce que le visage rouge et triste dirait du lieu où je déposais mon enfant chaque matin en lui disant : « Mais c'est bien l'école, tout le monde va à l'école[118] ».

Je fus d'abord un peu rassurée : ma fille n'avait obtenu que des verts et un jaune. Alors je me suis dit que le visage rouge et triste n'était là que pour faire peur – ce qui est déjà assez grave – et qu'en maternelle, personne n'imaginerait jamais faire comprendre à un·e enfant qu'iel doit être triste s'iel n'a pas bien rangé les différentes figures de chiens dans l'ordre de taille croissant.

Et puis, le dernier jour de l'année scolaire, quand j'ai vérifié le cahier de ma fille avec l'émotion propre à toutes les fins d'année, je me suis aperçue que l'enseignante s'était trompée, qu'elle avait glissé les fiches d'un autre élève dans nos affaires. Et c'est là que je les ai vus : les visages rouges. En haut à droite de chaque exercice, ils me dévisageaient, avec leur petite tête triste.

Je remercie le hasard que l'enseignante se soit trompée. Que ce message, rien que cette fois, n'ait pas été transmis aux parents de l'élève en question – d'ailleurs, le seul enfant noir de la classe dans cette école de centre-ville majoritairement blanche. Je les ai montrés à ma fille, lui expliquant ce que j'en pensais. Je suis enseignante, fille d'enseignante : critiquer l'institution scolaire n'a rien de difficile pour moi. Ma mère l'a fait avant moi, je me

118. Et l'année suivante, on a de la chance : l'école ça devient vraiment bien.

sens légitimée à le faire. Je sais que ce n'est pas le cas de tout le monde : l'institution s'est bien assurée de protéger son prestige. Avec ma fille, on décide de recouvrir les visages rouges en vert. Avec ses feutres d'enfant, on a transformé la grimace triste en un sourire. On a corrigé la correction.

Ça m'a fait du bien, au moins pendant un instant. J'ai essayé de faire comprendre à ma fille l'invalidité de ces assignations sociales. Celles que l'institution que je représente fait peser sur les enfants. Mais en réalité, ça ne change rien : les petits visages seront toujours là, ils suivront l'élève l'année suivante, comme tant d'autres avant et après lui.

S'il y a une chose que j'ai retenue de mes études de lettres, c'est que les images doivent toujours être prises au sérieux. Celle-ci a l'avantage d'être limpide. Derrière son air d'émoticône faussement moderne et bienveillante, elle transmet un message : quand on se trompe, il faut être triste. Cette image, c'est un message normatif qui associe dans la tête de l'enfant que ne pas réaliser ce que l'enseignant·e attend doit le·la rendre triste. Ce n'est pas tout, parce qu'il n'y a pas seulement la grimace, il y a aussi la couleur. Si l'on suit la symbolique des feux de signalisation, réussir c'est donc être au vert et avancer. Se tromper, au contraire, c'est être au rouge, s'arrêter. Pas seulement s'arrêter : laisser passer les autres.

La note, même en maternelle, à 3 ans, c'est une place dans la société. Une assignation hiérarchisante en fonction de critères majoritairement implicites. Une manière de dire qu'on travaille les un·e·s contre les autres. Que la société n'est pas un espace d'organisation collective, de mise en commun, mais de compétition. Soit toi, soit moi. Moi meilleur·e que toi.

Pour Nathalie Quintane, c'est une dynamique qui innerve tout notre monde social : « La structure, c'est la note. Les élèves sont notés par les profs, les profs sont notés par l'administration de l'établissement et les inspecteurs, l'administration de l'établissement et les inspecteurs sont notés par leur hiérarchie, la hiérarchie est notée par le ministère, à l'intérieur du ministère tout le monde est noté. Le pays France lui-même est noté[119]. » Et c'est à l'école que ça commence.

VENDRE L'ÉQUIVALENT TRAVAIL-RÉUSSITE

Plus tard, au collège et au lycée, les notes, c'est le bulletin scolaire. Celui que chaque élève reçoit à la maison pour être lu par la famille. Pour certain·e·s, c'est un moment de plaisir ; beaucoup d'autres le redoutent. Dans tous les cas, c'est une routine institutionnalisée. Un « mobilier » de l'institution scolaire.

Pour l'enseignant·e, c'est le moment de s'asseoir devant son ordinateur et de se retrouver devant la trentaine de cases vides qu'il faut remplir avec les fatidiques appréciations. Je n'aime pas ça. Une appréciation sur un bulletin demeure dans le dossier de l'élève. Elle ne détermine pas seulement son orientation future, elle grave dans son imaginaire et celui de sa famille un reflet, plus ou moins ressemblant, de ce que la société voit en elle ou lui. Elle contribue à forger ou à détruire son estime de soi.

La première fois que je me suis retrouvée face aux cases vides, j'ai pensé à ce que je pourrais ressentir en tant que mère quand des inconnu·e·s m'expliqueraient ce qu'iels pensent de mes enfants. Pour me guider, une collègue m'a conseillé une structure type : d'abord ce qui fonctionne, puis ce qui peut être

119. *Ibidem.*

amélioré en termes de travail et d'attitude, et enfin les encouragements. Les conseils pour mieux faire.

Ces derniers sont essentiels. On ne peut pas juste dire : c'est perdu d'avance. Ce serait signer l'échec, non pas tant de l'élève, que de l'institution elle-même.

Et pourtant, parfois, souvent même, on sait que rien ne pourra vraiment changer les résultats de l'élève. En tant qu'enseignant·e, en fonction de nos valeurs politiques, on peut attribuer cela à la faillite d'un système social ou aux différences naturelles qui séparaient les élèves ; à l'absurdité d'un savoir légitime, fait pour sélectionner les individus, ou au désintérêt croissant des élèves pour la prose de Flaubert et les saillies de Molière. J'ai fait mon choix.

Dans tous les cas, on est parfois obligé·e de mentir. De se mentir à soi-même, ou d'autres fois de mentir à l'élève et à sa famille. On écrit : « Il faut travailler plus. » On varie la formule : « En travaillant davantage à la maison, les difficultés de X pourront être résorbées. » « Les leçons ne sont pas assez apprises, c'est pour cela que X n'obtient pas de meilleurs résultats. »

Autrement dit, on vend le mythe de l'équivalent travail-réussite. C'est censé être gentil, donner de l'espoir, faire croire que tout est possible. Ça met un peu de l'énergie à la Rocky dans le quotidien parfois grisâtre de la vie au collège.

Et puis aussi, ça culpabilise ; non seulement l'élève, mais sa famille. Pour y arriver, dit-on, il suffirait de travailler plus. Allez, avance, il suffit de mériter. La société est juste, c'est à toi de te donner les moyens. Travaille à la maison et il n'y aura jamais de biais racistes qui t'empêcheront d'avoir ce que tu veux. Pas de conseiller·ère d'orientation qui te dira de faire un bac pro électricien juste parce que tu es un garçon perçu comme maghrébin. Pas de biais sexistes. Jamais de mépris envers tout ce que tu représentes. Travaille, travaille, et tu auras tout ce que tu veux. Peut-être même que t'auras la chance d'être le meilleur et de te faire servir par les autres. Tu sais, celleux qui, contrairement à toi, n'auront pas travaillé.

La fausseté absolue de ce discours peut engendrer des crispations, jusque chez les enseignant·e·s. Un ami proche m'a rapporté qu'un collègue avait écrit sur le bulletin d'un collégien : « X est-il seulement assez intelligent pour comprendre qu'il faut travailler ? » Cet élève était par ailleurs intégré dans une classe Ulis (Unité localisée pour l'inclusion scolaire) à savoir un dispositif « pour la scolarisation des élèves en situation de handicap dans le premier et le second degrés[120] ».

Difficile d'imaginer pire appréciation. C'est d'une violence incroyable, ça donne envie de pleurer et de tout casser. Cette réprobation n'était pourtant pas partagée par tou·te·s les enseignant·e·s qui ont pris connaissance de l'appréciation ; je tiens néanmoins à préciser qu'elle a été amendée par son responsable, avant l'envoi à la famille, dès que mon ami lui a fait part de ses craintes.

C'est d'un validisme crasseux ; mais j'y vois aussi la preuve, certes insupportable, de la frustration de nombreux·ses enseignant·e·s qui cherchent à croire que le système qu'iels représentent est juste et égalitaire tout en témoignant de son inefficacité. En mettant la faute sur l'élève plutôt que sur le système scolaire, l'enseignant cherchait à répondre à la dissonance cognitive qui forme le quotidien de son métier.

Parce que ce travail qu'on encourage, c'est comme le mérite, ça ne veut rien dire, ou tout dire, au choix. Il y a mille manières de travailler, de savoir, de penser, et jamais autant de réussir.

---

120. Selon la définition du ministère.

Celles qui comptent ne sont pas nécessairement les plus justes, les plus intéressantes, ou celles qui contribuent à construire un monde vivable. Ce sont seulement celles qu'une classe dominante a légitimées et institutionnalisées au cours d'une histoire de luttes idéologiques et politiques.

Alors oui, beaucoup d'élèves ne travaillent pas et, en travaillant plus, on *peut* avoir des bonnes notes. Mais derrière ce « on peut » se cache toute l'injustice, l'implicite, la forteresse bien verrouillée d'un système inégalitaire.

L'école ne dira jamais qu'il y a des savoirs plus légitimes que d'autres, une manière de travailler, des références appréciées, un accent, une calligraphie même. Tous ces codes, pourtant déterminants, restent implicites, et c'est ce silence qui fait de « l'équivalent-travail-réussite » un outil de discrimination passive. C'est ce que rapportent les chercheur·se·s en conclusion de leur enquête sur les discriminations scolaires : « Les professionnels de l'école ont tendance à communiquer envers les élèves et leur famille en faisant comme si la quantité de travail fournie amenait forcément en soi de la réussite dans les apprentissages, et réciproquement comme si les mauvais résultats scolaires s'expliquaient par le manque de travail de l'élève (remarque qu'on retrouve un nombre incalculable de fois dans les appréciations des bulletins scolaires). On a une norme "visible" concernant le travail, qui masque une norme "invisible" sur ce qui réellement permet un travail scolaire efficace (comprendre, mettre en relation avec d'autres savoirs, etc.). Le caractère invisible et implicite de ces normes fait qu'elles ne sont ni discutées ni travaillées avec les élèves et les parents, de sorte que seuls ceux qui partagent l'implicite s'en sortent[121]. »

---

121. Conférence de consensus à l'ENS, *op cit.*

ÉCOLE ET VALIDISME

Le validisme est une discrimination, fondée sur l'idée que la norme des corps est l'absence de maladie ou d'infirmité ; en découlent donc la dévalorisation et l'oppression des personnes « handicapées » qui incluent « les malades chroniques, les personnes aveugles, sourdes, neuroatypiques, neurodivergentes, dysmorphiques[122]… ». C'est une discrimination liée à l'idéologie du corps productif, qui devrait être libéré de la maladie pour être remis au travail. Le validisme est donc une forme d'organisation sociale, qui naturalise le handicap au lieu de questionner sa part construite.

À l'école, cela se traduit notamment par la question de l'inclusion des enfants en situation de handicap. De nombreux dispositifs existent à l'intérieur des établissements scolaires, mais les parents choisissent souvent de placer certain·e·s enfants dans des instituts spécialisés. Ce choix s'explique notamment par le manque de moyens délivrés par l'école : les AESH[123] sont loin d'être suffisamment nombreux·ses et souffrent d'un statut extrêmement précaire. Quand iels n'ont pas d'AESH, les enfants en situation de handicap se retrouvent donc dépendant·e·s de la « charité » des autres élèves.

Par ailleurs, il faudrait repenser la manière de représenter les corps dans les supports scolaires. Enfin, tant qu'on n'adopte pas une politique antioppressive, qui passerait

122. Mélina Germes, « Handies-féminismes. Luttes antivalidisme », *in Feu ! Abécédaire des féminismes présents, op. cit.*

123. Accompagnant·e·s d'élèves en situation de handicap.

également par la formation des personnel·le·s d'éducation, les discriminations resteront une réalité quotidienne.

Le validisme est donc une oppression systémique qui organise en profondeur nos sociétés – et c'est l'un de mes regrets de ne pas avoir pu en parler dans ce livre. C'est en effet un sujet que je connais encore très peu, et que je n'aurais pas su traiter correctement.

Quelques ressources utiles :

Zyg Blanquer, *Nos existences handies*, Monstrograph, Nantes, 2022.

Charlotte Puiseux, *De chair et de fer*, Éditions La Découverte, Paris, 2022.

Le blog du Collectif lutte et handicaps pour l'égalité et l'émancipation (CLHEE).

QUAND LA PÉDAGOGIE ALTERNATIVE SERT LA POLITIQUE NÉOLIBÉRALE

Quand je parle de « savoirs légitimes », on pourrait me rétorquer que les savoirs ont été remplacés, dans le langage de l'école, par les *compétences*. Celles-ci apparaissent notamment dans le « socle commun de connaissances, de compétences et de culture » qui représente aujourd'hui le programme officiel de tous les cycles de l'école primaire et secondaire (vous remarquerez que « culture » est au singulier).

Arrivée dans l'Éducation nationale dans les années 2000 à la suite des « Recommandations du Parlement européen et du

Conseil de l'Europe sur les compétences clés pour l'éducation et la formation tout au long de la vie », issues du Sommet de Lisbonne[124], la notion de *compétence* est présentée comme un tournant vers une pédagogie plus active. En dépassant la traditionnelle transmission des savoirs, l'école remettrait l'élève au cœur de l'apprentissage : désormais, on n'encourage pas chez elle ou lui la restitution passive de connaissances classiques apprises par cœur, mais sa capacité à mobiliser des « savoir-faire » et « savoir-être » (en gros, des attitudes) et donc à s'adapter, avec flexibilité et réactivité, à toutes les situations.

Cette remise en question a également affecté la manière d'enseigner. Je garde personnellement un très mauvais souvenir de mes cours quand j'étais élève au collège. Dans les matières littéraires, qui ne sont devenues mes favorites que par la suite, on étudiait de manière plate et rébarbative des textes classiques globalement ennuyeux, on faisait de la grammaire de manuel assez incompréhensible, on recopiait des leçons d'histoire qu'on nous dictait.

J'ai été très agréablement surprise quand je suis arrivée au collège en tant qu'enseignante. J'avais presque envie d'assister aux cours de mes collègues, tant certains donnaient envie. Dans la forme, iels proposaient une myriade de projets, d'ateliers d'écriture, de potagers participatifs, d'activités de théâtre dans la cour, d'expériences pratiques, de rédactions de blogs, de recettes de cuisine pour comprendre les théorèmes de mathématiques… Dans le fond aussi, je me suis aperçue que les objets étudiés avaient finalement évolué, au moins en apparence, en direction d'un décloisonnement de la culture légitime. En français, par

124. Je reprends l'historique de la notion de compétence proposé par Angélique del Rey dans : « Le succès mondial des compétences dans l'éducation : histoire d'un détournement », Collège international de philosophie, « Rue Descartes », 2012/1, n° 73.

exemple, on pouvait facilement étudier de la littérature étrangère et contemporaine, des chansons, ou proposer des ateliers d'écriture de slam.

Cette évolution me plaisait. De ma formation, j'avais tiré une lassitude extrême de la culture légitime et classique. Grâce à mes années de recherche, j'avais appréhendé ce qu'on ne nous dit jamais en prépa (et pas à l'école de manière générale) : que les savoirs et la culture sont le résultat d'une construction politique, de rapports de pouvoir et donc de dynamiques d'exclusion et de légitimation. Je n'avais aucune envie d'être la gardienne de cette histoire. Et justement, au collège, nous n'étions pas contraint·e·s de suivre un programme de littérature classique – contrairement au lycée. J'ai vu dans ce changement, au moins pendant un temps, le résultat d'une dynamique positive : peut-être que, finalement, l'enseignement en France prenait des distances avec l'élitisme et son discours universalisant.

De ce que j'ai vu, ce discours est arrivé à l'école « par en haut » : non seulement les formateur·rice·s de l'Inspe encouragent ces pédagogies actives, mais aussi les directeur·rice·s d'établissement et les inspecteur·rice·s. Celleux-là même qui représentent une hiérarchie fondée sur le contrôle normatif s'étaient soudain mis à parler de pédagogie active et bienveillante, d'inclusion, de différenciation, de stratégies pour remettre chaque élève au cœur des apprentissages, en fonction de ses propres besoins. Bien entendu, ce discours ne s'accompagnait pas d'une remise en question des rapports de pouvoir qu'iels incarnaient ; c'est peut-être ce contraste qui a commencé à me mettre la puce à l'oreille.

Les acteur·rice·s de l'école ne sont pas les seul·e·s à promouvoir l'intérêt d'une pédagogie plus active. En 2017, lors de l'université d'été du Medef, l'une des tables rondes était consacrée à ce sujet : « Freinet, Montessori, Decroly, Steiner… Que penser des pédagogies alternatives[125] ? » Ces dernières nourrissent d'ailleurs le « Manifeste pour l'éducation » du Medef, publié en 2017, et mettant en avant des notions comme le « *learning by doing*[126] » ou le droit à l'erreur.

Au premier abord, cette rencontre a de quoi étonner : quand les pédagogues critiques cherchent à remettre l'élève au centre des apprentissages, en éveillant notamment son esprit critique, c'est plutôt à des fins d'émancipation, voire de transformation sociale (qui varient bien entendu d'une pédagogie à l'autre : Montessori est loin d'être aussi subversive que Freinet, par exemple). Comment dès lors expliquer l'intérêt de celleux qui, pour le dire grossièrement, promeuvent l'ordre social et économique en place, pour ces mêmes pédagogies ? Autrement dit, pourquoi sont-elles devenues le cheval de bataille des *patron·ne·s* de l'entreprise comme de l'école ?

Pour comprendre les logiques d'un adversaire idéologique, le mieux est toujours de l'écouter parler. La lecture de la tribune « Bâtir l'école de la confiance et de tous les talents », publiée aux *Échos* en 2017, est en cela très éclairante. Les auteur·rice·s – une pédiatre, un chef cuisinier, la présidente de la commission « Éducation » du Medef, et un membre de l'Académie des technologies et de l'AFDET – partent d'un constat : « Face aux transformations économiques, numériques, sociétales et environnementales, monde économique et système éducatif doivent répondre aux mêmes défis. Ce sont les besoins d'agilité, d'adaptation permanente qui se glissent partout et dans tous les secteurs. En découlent des compétences devenues incontournables :

---

125. Je reprends ici les références de l'excellent article de Jean-Yves Mas, « De la critique artiste du capitalise à la critique pédagogique de l'école », *in Les Pédagogies critiques*, *op.cit.*

126. *Ibidem.*

communication, créativité, coopération, critique constructive et adhésion aux changements doivent compléter la rigueur et l'excellence. L'école doit en être le terreau, et l'entreprise doit l'accompagner notamment en s'impliquant mieux et plus aux côtés des enseignants[127]. »

Si on retrouve ici les fameuses compétences qui devaient révolutionner l'école, on s'aperçoit que ce n'est pas pour mettre l'élève au centre du système éducatif, mais plutôt l'économie[128]. Tout au long de la tribune, les auteur·rice·s mélangent le lexique de l'émancipation avec celui de l'entreprise néolibérale. Ce qu'iels montrent, avec une clarté redoutable, c'est que l'accent récent mis par l'école sur la créativité, l'esprit critique, la collaboration, la confiance en soi, ne servent pas l'émancipation des jeunes ou le changement social, mais plutôt à cultiver la capacité des élèves à s'adapter à la réalité de l'entreprise, elle-même intégrée aux « défis » modernes de l'économie néolibérale.

La liberté qu'iels promeuvent laisse un mauvais goût dans la bouche. C'est que, comme l'explique Jean-Yves Mas, elle s'inscrit encore une fois dans la logique de l'entreprise, et notamment de la mutation du management contemporain à partir des années 1970. Pour faire court, s'apercevant que le maniement autoritaire, fondé sur l'obéissance à une hiérarchie presque militaire, s'avérait contre-productif « le patronat, dans son projet de "remise au travail" de la main-d'œuvre, se donne alors pour objectif de réconcilier les salariés avec leur entreprise et de les persuader que leurs intérêts sont les mêmes que

127. « Bâtir l'école de la confiance et de tous les talents », *Les Échos*, 24 mai 2017.

128. Angélique del Rey l'explique très bien « Le succès mondial des compétences dans l'éducation : histoire d'un détournement », *op. cit.*

ceux de l'employeur[129] ». La mise en scène d'une organisation horizontale ne remet donc pas fondamentalement en cause la hiérarchie ; elle produit plutôt un camouflage des rapports de pouvoir afin de réduire les résistances, les révoltes et les luttes.

Dans la même veine, si l'école doit être un « socle qui fonde » les « leviers d'avenir qui autorisent tous les possibles[130] », ce n'est, en réalité, que pour servir un seul possible, celui de la logique néolibérale, au sein duquel les jeunes sont intégré·e·s dès le plus jeune âge : « Parce que la mission de l'école, aux côtés des parents, est tout autant de former les futurs citoyens que de préparer l'employabilité de tous les élèves, leur formation initiale doit, dès le plus jeune âge, favoriser leur créativité, leur curiosité, leur appétence pour l'expérimentation et la prise de conscience de la nécessité du travail collaboratif[131]. »

C'est une bien triste et illusoire créativité, quand on y pense, que celle qui est conditionnée à « l'employabilité » et au maintien de l'ordre social.

Parce qu'en définitive, c'est bien de cela qu'il s'agit : que l'école serve l'économie du pays. Personnellement, je ne l'ai jamais aussi bien compris qu'au moment des retours en classe souvent anticipés qui ont suivi les différents confinements. Impossible d'oublier, par exemple, que la reprise des cours en mai 2020, après le premier confinement, ne dépendait pas tant de l'adoption d'un protocole sanitaire à même de *réellement* protéger élèves et professionnel·le·s de l'éducation (rappelons qu'à l'époque, les masques fournis tardivement par l'Éducation nationale sont les mêmes qui ont ensuite été déconseillés parce qu'inefficaces,

129. Jean-Yves Mas, « De la critique artiste du capitalisme à la critique pédagogique de l'école », *op. cit.*

130. « Bâtir l'école de la confiance et de tous les talents », *op. cit.*

131. *Ibidem.*

voire toxiques), mais par la *nécessité* de relancer l'économie en permettant aux parents de retourner travailler. Au milieu des multiples réserves venues de médecin·e·s et politicien·ne·s, on peut se rappeler l'approbation du Medef : « Nous sommes satisfaits que le président ait fixé un cap pour remettre le pays en marche […], cela permet aux entreprises de bien préparer la reprise, et aux enfants de retrouver le chemin de l'école[132]. »

Dans ce contexte, on comprend mieux la nostalgie de celleux qui voient dans ces transformations pédagogiques le signe d'une décadence de l'école, passée des mains de la culture salvatrice aux griffes de l'entreprise.

Toutefois, je dois avouer que, à cause de mon histoire personnelle, de mon parcours, j'ai toujours eu du mal avec de tels discours : en mobilisant l'idée de la décadence de l'école, iels esquissent le mythe d'un âge d'or de l'Éducation nationale, une époque bénie où l'institution aurait été détachée des logiques de l'économie et du pouvoir. Et s'il reste des traces de ce passé, elles seraient à chercher dans l'alliance spécifiquement française entre la transmission exigeante de la culture classique et la méritocratie républicaine ; voilà, selon cette logique, les seuls boucliers efficaces contre le capitalisme et les inégalités sociales. Mais quand on se penche, même superficiellement, sur l'histoire de l'école, on voit que ça coince. Parce qu'il n'y a jamais eu de séparation entre l'école traditionnelle et l'école capitaliste[133], mais plutôt une logique conjointe d'oppression et de hiérarchisation.

---

132. Propos cités dans « Une sortie du confinement dès le 11 mai : un compromis entre la situation sanitaire et économique », France Info, 14 avril 2020.

133. Du moins au sein de l'Éducation nationale.

Brève histoire de la « démocratisation de l'école »

Quand on dit que l'école publique et obligatoire promulguée en 1882 par les lois Ferry était gratuite pour tou·te·s, on omet un fait de taille : seulement l'école primaire était gratuite et obligatoire. Dès le secondaire, il fallait payer. Autrement dit, pour bénéficier d'une éducation qui rende possible d'accéder à un poste de pouvoir, il fallait payer. Par ailleurs, l'enseignement des écoles pour filles et pour garçons n'était pas le même : aux filles, par exemple, on n'enseignait pas le latin ou les mathématiques. Il n'a donc jamais été question de lutter contre l'inégale répartition du pouvoir.

La Première Guerre mondiale ouvre la voie à une démocratisation de l'école. Mais ce n'est qu'en 1975 qu'on institue le collège unique c'est-à-dire un collège gratuit pour tou·te·s les élèves. C'est la réforme Haby. En vingt ans, les effectifs des lycées sont multipliés par trois. C'est là que le concept de méritocratie devient particulièrement utile pour justifier les inégalités qui continuent de se perpétuer.

L'école publique, gratuite et obligatoire ne résulte pas d'un élan soudain de générosité ; elle est plutôt le résultat d'une configuration politique donnée, et en particulier de la crainte que la Commune a instillé chez les dirigeants. Maire de Paris au début de la Commune, Ferry est surnommé « Ferry famine » par les communard·e·s qui l'accusent de cacher des stocks de nourriture. L'école qui naît peu après ne sert pas tant à instruire dans l'égalité les enfants issu·e·s de la classe populaire qu'à les contrôler. La citation qui suit en dit long sur les motivations des lois Ferry : « Dans les écoles confessionnelles, les jeunes reçoivent un enseignement dirigé tout entier contre les institutions modernes. On y exalte l'Ancien Régime et les anciennes structures sociales. Si cet état de choses se perpétue, il est à craindre que d'autres écoles se constituent, ouvertes aux fils d'ouvriers et de paysans, où l'on enseignera des principes diamétralement opposés, inspirés peut-être d'un idéal socialiste ou communiste emprunté à des temps plus récents, par exemple à cette époque violente et sinistre comprise entre le 18 mars et le 28 mai 1871[134]. »

Si l'école doit se détacher du catholicisme, elle ne doit pas néanmoins tomber aux mains des révolutionnaires. En fait, elle doit contribuer à former des citoyen·ne·s disposé·e·s à se sacrifier pour la patrie et le travail. Avant que Vincent Peillon, ministre de l'Éducation nationale de 2012 à 2014, ne cherche à réintroduire l'enseignement de la morale républicaine à l'école, Jules Ferry l'avait déjà imposé. Dans sa lettre aux instituteurs, voilà ce qu'il dit pour rassurer les enseignant·e·s face aux conflits qui peuvent résulter avec les familles quand l'école se charge de la morale : « Quand [les familles] remarqueront que vos leçons de morale commencent à produire de l'effet, que leurs enfants rapportent de votre classe de meilleures habitudes, des manières plus douces et respectueuses, plus de droiture, plus d'obéissance, *plus de goût pour le travail*, plus de soumission au devoir, enfin

---

134. Discours de Jules Ferry devant le conseil général des Vosges en 1879. C'est dans les livres de Grégory Chambat que j'ai découvert cette période : *Apprendre à désobéir. Petite histoire de l'école qui résiste* (coécrit avec Laurence Biberfeld), Libertalia, Paris, 2019, et *L'École des barricades, op.cit.*

tous les signes d'une incessante amélioration morale, alors la cause de l'école laïque sera gagnée[135]. »

Ici, la justification par le contexte historique d'une morale aussi conservatrice ne tient pas ; le contexte de Ferry, ce n'est pas seulement des colonialistes avides de garder leurs privilèges, c'est aussi la Commune, la lutte pour l'affranchissement, les écoles prolétaires. Par ailleurs, n'oublions pas que l'école d'aujourd'hui n'a rien fait pour mettre à distance une telle conception : c'est un extrait de cette même lettre que l'on retrouve sur le site de l'Académie de Paris[136].

L'école, celle incarnée aujourd'hui par l'Éducation nationale, n'est pas née de la volonté de transmettre la liberté par la connaissance et la pensée. Au contraire, pour Ferry, « c'est l'absence d'éducation chez le prolétaire qui crée le sentiment et la réalité de l'inégalité ». Éduquer, dès lors, c'est lui apprendre à s'adapter à l'ordre social.

Il faudrait la précision d'un·e historien·ne pour donner un sens plus concret à ces lignes de continuité. N'ayant pas cette prétention, si j'ai convié ces traces du passé, c'est seulement pour expliquer pourquoi la nostalgie de l'école « traditionnelle » ne me semble pas être un outil approprié pour combattre l'influence de l'entreprise sur l'école. De ce que je vois, l'école est traversée par des dynamiques de domination, dont les variables peuvent évoluer, mais qui se traduisent néanmoins toujours par l'assignation des élèves à des places sociales inégalitaires qui sont légitimées et naturalisées par le prestige de l'institution scolaire. Dans ce cadre, les changements de pratiques pédagogiques de ces dernières décennies ne me semblent pas tant traduire l'entrée

---

135. Je souligne.

136. Voir le chapitre 3, p. 99.

récente de l'entreprise dans l'école, que l'évolution conjointe de deux mondes qui, malgré des concurrences internes pour le pouvoir, ont marché ensemble sur le dos des classes opprimées.

Pour des cultures émancipatrices

Au début de l'été 2021, après deux années scolaires affectées par la pandémie et les confinements, les élèves de troisième se sont retrouvé·e·s devant leur sujet de brevet. En français, iels doivent répondre à des questions de compréhension et d'interprétation à partir d'un extrait du *Capitaine Fracasse*, un roman de Théophile Gautier publié en 1863. Quand, le jour même, je vais consulter le sujet, j'ai besoin de relire le texte deux fois avant d'être certaine de le comprendre : le vocabulaire, les tournures syntaxiques sont non seulement datées, donc plus difficiles à déchiffrer, mais élitistes, même au moment où l'écrivain a écrit, au XIXe siècle. Sans parler du thème, le fantastique, relevant du programme de quatrième, année qui, pour les élèves, aura été coupée en deux par le confinement. Autrement dit, le sujet est extrêmement difficile, voire impossible à traiter correctement dans le contexte qui est celui des élèves de troisième.

Ce que cela nous révèle, c'est que le tournant vers les « compétences » plutôt que les savoirs ne change pas grand-chose, en définitive, aux manières de sélectionner et d'introduire la culture à l'école. Et le fait que les correcteur·rice·s soient ensuite encouragé·e·s à être bienveillant·e·s dans leur notation ne fait que rendre le problème plus clair. Des épreuves comme celles du brevet de 2021, si elles ne provoquent pas nécessairement des résultats catastrophiques, servent à sélectionner d'une manière plus insidieuse. Se retrouver, à 14 ans, face à un texte pourtant écrit dans sa langue maternelle ou quotidienne mais qu'on ne comprend pas, c'est extrêmement insécurisant. Ça entame la confiance en soi, ça nous coupe du langage comme outil de pouvoir collectif. Ça renforce un système inégalitaire, où certain·e·s élèves sont orienté·e·s vers des places dominantes, et d'autres vers des rôles subalternes.

Dénoncer ces dynamiques n'implique pas d'abandonner toute exigence intellectuelle dans l'éducation, mais au contraire d'en avoir davantage, si je puis dire, pour faire de l'école un lieu où les jeunes puissent s'emparer des cultures.

Et cela nous engage à questionner toutes les manières par lesquelles l'école produit des savoirs excluants.

Par exemple, on peut continuer à enseigner la littérature classique, mais procéder autrement. Dans *Un hamster à l'école*, Nathalie Quintane raconte son expérience d'examinatrice du bac de français. Le constat qu'elle fait me semble symptomatique de comment le système scolaire envisage la culture. L'enseignante explique que, par leur manière d'analyser les textes littéraires, les lycéen·ne·s adoptent des stratégies ultra-conservatrices afin de s'adapter à ce qu'iels pensent être les attentes de l'examinateur·rice. Ainsi « face au pire du *Voyage au bout de la nuit* [un roman publié en 1932 par Céline], ils arrivaient quand même à extraire l'idée que dans les passages sur la colonisation en Afrique, les Blancs essayaient d'aider les Noirs[137] ».

C'est une anecdote tragique qui révèle les écueils de l'enseignement des lettres en France : au lieu d'encourager les jeunes à adopter une posture critique, la méthode consacrée consiste globalement à donner raison à l'auteur·rice, comme si le fait d'être un·e artiste suffisait pour se dédouaner de toute responsabilité

137. Nathalie Quintane, *Un hamster à l'école*, *op. cit.*

politique et morale. En clair, on passe au-dessus des propos discriminants, sexistes, racistes, antisémites, etc. : on ne les nomme pas, on fait comme s'ils relevaient d'une nécessité de l'histoire[138].

Je crois qu'on ne peut pas imaginer pratique plus aliénante. Personnellement, c'est ce qui explique aujourd'hui mon dégoût pour les auteur·rice·s classiques. Pendant toute ma scolarité (ça ne s'est arrêté qu'avec la recherche), on m'a fait lire des écrivain·e·s dont les propos étaient résolument tournés contre moi, en tant que personne femme (ou aussi en tant que juive)[139], en faisant toujours comme si c'était normal. Que la misogynie soit liée au contexte historique ne change pas grand-chose à ce que cela nous fait ressentir : non seulement que l'on serait inférieur·e, mais qu'on doit l'accepter si l'on veut accéder à la culture. Que c'est l'épreuve à passer pour rentrer dans le cercle : faire comme si ça ne nous faisait rien du tout. On est donc enfermé·e dans une fausse alternative, un dilemme dont l'on sort nécessairement perdant·e. Se plier, ou partir. Sacrifier son estime de soi, ou se convaincre qu'on n'a pas sa place dans le monde de la culture.

Alors continuons de lire ces auteur·rice·s, mais – après s'être efforcé·e de les rendre vraiment compréhensibles – n'ayons pas peur d'expliquer en quoi ce qu'iels disent peut être le produit d'une culture patriarcale, raciste, antisémite et oppressive. Et que la culture, donc, n'est pas un objet sacré, mais une réalité plurielle, ancrée dans le temps, qui peut être aliénante ou émancipatrice, en fonction de comment on la traite.

---

138. Dans le cas du roman *Voyage au bout de la nuit*, c'est plus compliqué. L'intention de l'auteur, qui est par ailleurs un antisémite notoire, n'est en fait pas de justifier la colonisation. Néanmoins, les lycéen·ne·s sont si habitué·e·s à lire des horreurs dans les textes littéraires, et iels se sentent si peu autorisé·e·s à critiquer les écrivain·e·s, qu'il leur devient même difficile de saisir quand un texte met à distance des politiques oppressives.

139. Je pars ici de ma propre expérience du sexisme des auteur·rice·s classiques, mais c'est vrai pour toutes les autres minorités.

Et puis, renouvelons ce que nous lisons. Il existe tellement de livres, de théories extraordinaires. Faisons aussi lire aux jeunes les textes qui leur font du bien, qui leur apprennent à s'estimer assez pour exiger la justice collective ; ou qui les placent dans un inconfort libérateur, non pas pour leur transmettre l'idée qu'iels seraient inférieur·e·s, mais pour s'attaquer à la racine des normes oppressives, et imaginer ensemble d'autres mondes.

Une question demeure : pourquoi ? Pourquoi choisit-on d'encourager le manque de confiance des jeunes face à la culture, aux textes littéraires, à la langue ?

Je crois que la réponse est simple : la culture, tout comme l'éducation, c'est le pouvoir.

C'est une réalité à double tranchant. L'école, comme la culture, sont à la fois des miroirs de notre société (une société inégalitaire produit une école inégalitaire), et des principes organisateurs (une école inégalitaire produit une société inégalitaire).

Cela signifie que les inégalités ne s'arrêtent pas à la porte des établissements scolaires. Elles organisent *ensuite* et *en même temps* les rapports sociaux, elles attribuent des places, elles structurent une division du travail fondée sur la reproduction d'assignations sociales, de genre, de race, qui contribue à créer une société où certain·e·s produisent la subsistance des autres.

Alors retournons la médaille. La société fait l'école, mais l'école fait la société.

Qu'attendons-nous pour nous réapproprier l'école et transformer la société ?

Conclusion

« Do not adjust to an unjust world[140] »

140. Sara Ahmed, *Living a Feminist Life*, Duke University Press, 2017. Traduction personnelle : « Ne t'adapte pas à un monde injuste » (ou, pour respecter le jeu de mots : « Ne t'ajuste pas à un monde injuste). »

Au bout de ce parcours, une question demeure : et maintenant ?

Si d'autres manières de faire école sont possibles, comment s'organiser ? Doit-on abandonner les bancs de l'école telle qu'on la connaît pour tout recommencer ? De quoi pouvons-nous nous inspirer ? Faut-il continuer à préparer les jeunes à un monde injuste, ou risquer de les laisser démuni·e·s en ne leur apprenant pas à s'adapter aux inégalités auxquelles iels seront nécessairement confronté·e·s ? Quel rapport entretenir avec les pouvoirs en place, et notamment l'État ?

Il me serait impossible de répondre de manière définitive à ces questions : je n'ai ni les connaissances, ni l'expérience, et encore moins la légitimité pour le faire. Et puis surtout, ces solutions, c'est ensemble qu'on doit les penser, en collectif, afin de poser les jalons d'une autre école, antioppressive, émancipatrice et joyeuse.

Comme il faut bien commencer quelque part, j'essaierai malgré tout de proposer quelques pistes, provisoires bien sûr, peut-être encore un peu abstraites, et qui n'attendent que vous pour se concrétiser.

« *I am not willing to be included if inclusion means being included in a system that is unjust, violent, and unequal*[141]. »

On n'éradiquera pas les oppressions si on se contente (d'essayer) d'inclure à l'intérieur de la norme celleux qui en ont toujours été méticuleusement rejeté·e·s et exclu·e·s. Les hiérarchies sont trop enracinées. Il nous faut quelque chose de plus puissant que la tolérance. Parce que *tolérer* c'est, malgré tout, reproduire

141. Sara Ahmed, *Living a Feminist Life*, *op. cit.* Traduction personnelle : « Je ne souhaite pas être incluse si l'inclusion signifie être incluse dans un système qui est injuste, violent et inégalitaire. »

une hiérarchie entre celleux qui tolèrent et celleux qui sont toléré·e·s, celleux qui *acceptent*, et celleux qui sont *accepté·e·s*. On ne peut plus se passer d'une transformation radicale des normes au nom desquelles les oppressions se justifient. Et c'est à l'école que tout ça commence.

Un exemple me permettra d'être plus claire. Quelle est la réaction canonique quand un·e élève fait preuve d'homophobie (et quand je dis canonique, je dis : validée et transmise par l'institution) ? On lui dit qu'on est tou·te·s pareil·le·s, que les homosexuel·le·s n'ont pas *choisi* leur orientation sexuelle, qu'il ne faut pas juger mais respecter, etc. Pas de mauvaise intention là-dedans, et, encore une fois, il ne s'agit pas de jeter la pierre : je l'ai fait aussi. Mais cette réponse ne parviendra jamais à éradiquer l'homophobie, ou toute autre discrimination, parce qu'elle a beau se vouloir progressiste, elle continue de justifier le privilège des un·e·s au détriment des autres. Autrement dit, elle ne renverse pas la norme qui nous a conduit·e·s à penser, à un moment donné, qu'une personne homosexuelle devait justifier ses relations amoureuses alors qu'une personne hétérosexuelle n'a jamais à le faire[142]. Voilà le problème : la tolérance ne permet pas de combattre les inégalités, elle ne fait que les reproduire de manière plus « douce » et prétendument conciliante.

Il nous faut un geste plus radical : non pas rendre les normes plus malléables, mais plus visibles : c'est ainsi et seulement ainsi qu'elles seront susceptibles d'être détruites. Pour cela, il faudra mettre des mots clairs sur les discriminations, sur celleux qui les subissent, mais aussi celleux qui, sans le vouloir, en bénéficient.

---

142. Je prends ici l'exemple de l'orientation sexuelle, mais c'est une réflexion qui s'applique facilement à toutes les discriminations systémiques. Je m'inspire pour cela de la réflexion proposée par Gabrielle Richard, dans *Hétéro, l'école ? Plaidoyer pour une éducation antioppressive à la sexualité*, *op cit.*, mais aussi de l'ouvrage collectif *Les Pédagogies critiques*, *op cit.*

Ne pas dire seulement *inégalités*, mais racisme, sexisme, classisme, grossophobie, validisme ; et tous les autres noms, que j'ai omis sans le vouloir. « Nommer les dominant·e·s c'est mettre le monde à l'envers[143] ! » Et si cela nous mène à des situations inconfortables, où certain·e·s se rendent compte de privilèges dont iels bénéficient sans le savoir, tant mieux : cette résistance est la preuve qu'il y avait un problème, et qu'on peut le résoudre ensemble, quelle que soit notre position. Les oppressions nous concernent tou·te·s : ce n'est pas une lutte qui incombe seulement aux personnes qui les subissent. Et l'école ne peut plus être le lieu où les discriminations s'apprennent, se reproduisent. Elle doit être le lieu où elles sont combattues.

Ainsi, expliquer qu'un·e élève trans est aussi légitime qu'un·e élève cis ne suffira jamais : il faut aussi interroger l'histoire de la différenciation sexuelle, le fait que la binarité de genre est une idéologie parmi d'autres, qu'elle n'est ni universelle ni atemporelle, mais qu'elle a servi notamment à opprimer des peuples colonisés et à imposer une vision dominante et homogénéisante des rapports de genre – et que c'est ce que la colonisation cherche à faire : éradiquer les cultures, les gens, les territoires. Ainsi, on fait des liens, on dessine des trajectoires, on met en lumière les rapports entre les systèmes d'exploitation. Et on interroge radicalement nos imaginaires, nos cultures.

C'est peut-être cela, la pédagogie antioppressive[144] : connaître nos histoires communes, les comprendre, lire, écouter, regarder, apprendre. Faire en sorte que l'école ne se fasse pas malgré elle complice d'une société inégalitaire, mais qu'elle devienne plutôt

---

143. Alexandra Pierre, *Empreintes de résistance. Filiations et récits de femmes autochtones, noires et racisées*, *op. cit.*

144. Merci à Gabrielle Richard de m'avoir fait comprendre les limites de la pédagogie de la tolérance. Voir dans *Hétéro, l'école ?*, *op. cit.* La sociologue cite également des exercices pratiques très intéressants.

une force de transformation, de lutte sociale. Le terreau où l'on puisse explorer des cultures exigeantes, enthousiasmantes et utiles pour rendre nos mondes vivables pour tou·te·s. On est prêt·e·s, on l'est depuis toujours, et les jeunes attendent.

Et ce combat a tout à voir avec la lutte contre la libéralisation de l'école. Parce que le néolibéralisme, c'est la fabrique de l'impuissance, la dépossession des cultures, des solidarités et des savoirs, la réduction des possibles au capitalisme, à l'employabilité, aux rapports d'exploitation, à la destruction de nos mondes, à l'assignation des jeunes à des places sociales hiérarchisées. Une autre école est possible, celle de la révolte, de la conscientisation des rapports de pouvoir, de la joie militante, du conflit aussi, et de la confrontation. Qu'importe si l'institution scolaire n'a officiellement jamais été pensée comme telle : les interstices révolutionnaires existent, ailleurs, avant, partout. Ils sont là. On ne part pas de nulle part.

Les pédagogies critiques peuvent nous guider : elles proposent des théories, des mises en pratique, des reconfigurations plus justes des rapports d'apprentissage. On peut lire Paulo Freire dont la *Pédagogie des opprimés* refuse que l'éducation se contente d'adapter les jeunes à un monde inégalitaire, ou alors Célestin Freinet, un instituteur de l'école publique française qui a créé avec sa femme une école tournée vers l'émancipation des enfants, et qui critiquait déjà dans les années 1930 l'instrumentalisation de la neutralité comme une manière de faire oublier aux élèves les inégalités dont iels peuvent pâtir. Ou encore se tourner vers les apports révolutionnaires de l'afroféministe états-unienne bell hooks[145] qui, à travers le récit et la mise à distance de sa propre pratique, incarne une posture

145. Et notamment bell hooks, *Apprendre à transgresser*, *op. cit.*

d'enseignement véritablement libératrice. Et il y en a tant d'autres encore – pédagogies queer, féministe, décoloniale, éducation populaire… – parce que chaque mouvement politique a renouvelé non seulement ce qu'éduquer voulait dire, mais a essayé de le mettre en pratique[146].

D'autres écoles sont non seulement possibles : il est des lieux et des temps, où elles ont déjà été actualisées. Je pense aux militant·e·s espagnol·e·s en 1936 qui avaient jeté les bases théoriques et pratiques d'une école anti-autoritaire. Ou, en France, un demi-siècle plus tôt, aux communard·e·s qui avaient les premier·ère·s rendu possible une école publique, laïque, gratuite, qui ne soit pas vouée à être une usine à fabriquer des assignations et positions sociales. Il y a quelque chose de vertigineux à imaginer ce qu'il serait advenu s'iels n'avaient pas été écrasé·e·s par la répression. Si les Jules Ferry de ce monde n'avaient pas gagné.

Mais la défaite des écoles révolutionnaires n'est pas inévitable : voyons par exemple les écoles zapatistes au Chiapas, autonomes, collectives et anti-autoritaires. Ou les Écoles populaires kanak (EPK), qui ont été créées dans les années 1980 en Nouvelle-Calédonie, ou plutôt en Kanaky[147], afin de lutter contre les inégalités produites par la société coloniale. Et dans un tout autre contexte, les écoles autogérées, comme le collège associatif créé au début des années 2010 dans le Limousin[148], sans parler de toutes les expérimentations portées par les enseignant·e·s tous les jours.

---

146. Voir les exemples d'application concrètes relatées dans le livre collectif dirigé par Nassira Hedjerassi, *Les Pédagogies émancipatrices. Actualités et enjeux*, Éditions du Croquant, Vulaines-sur-Seine, 2020.

147. Terme utilisé en opposition au nom néocolonial.

148. Cette initiative est entièrement retracée dans *Faire (l')école. Un collège associatif sur la Montagne limousine*, Éditions du Commun, Rennes, 2020, par le collectif Les archéologues d'un chemin de traverse.

En fait, n'en déplaise au fatalisme ambiant, les exemples sont légion[149] et, si ces initiatives n'ont pas toujours réussi à survivre sur le temps long, ce qui compte, c'est qu'elles ont *été possibles* parce qu'elles ont été désirées. Et cela ouvre la voie à d'autres écoles, publiques, gratuites, plus ancrées dans des contextes locaux, portées et gérées par et pour celleux qui les vivent, pour une émancipation universelle mais concrète. Des écoles qui ne se revendiquent pas d'un sanctuaire, mais qui assument d'être perméables au monde, et qui se servent de leurs liens avec la société pour devenir des leviers de transformation et de justice.

C'est ce lien qu'il faut venir habiter, chacun·e à notre manière, et ensemble. Ne pas abandonner les jeunes et celleux qui souffrent les premier·ère·s des politiques néolibérales, mais continuer dans l'école, celle qui existe, lutter, inventer des stratégies et des espaces de subversion du pouvoir. Faire que, dès demain, l'école ne soit pas un lieu où l'on apprend le sexisme, où on minore les jeunes en fonction des critères de genre, de race, de classe, d'âge, de corps. Un lieu où le bonheur ne soit pas un privilège. Mais aussi, et en même temps, exiger et imaginer des changements radicaux, et donc lutter *à côté* de l'institution. *Contre* elle. Et cela, nous pouvons le faire, chacun·e en fonction de nos moyens.

Parce qu'après tout, la révolution ne tient peut-être qu'à un grain de sable. Et tout le système est enrayé.

Et pour tout cela, oui : une autre école est possible !

---

149. Je m'inspire pour ma part du livre de Grégory Chambat, *L'École des barricades. Vingt-cinq textes pour une autre école*, 1789-2014, Libertalia, Paris, 2014. Le livre est publié dans la collection « N'Autre École », née en 2002 à partir d'un groupe de militant·e·s et syndicalistes qui conjuguent « lutte pour une autre école et pour une autre société ». Et c'est passionnant !

Entretiens

L'ÉCOLE N'EST PAS NEUTRE

ENTRETIEN AVEC GABRIELLE RICHARD

Gabrielle Richard est sociologue du genre. Elle étudie depuis 2006 les normes liées au genre, à l'expression de genre et à l'orientation sexuelle en milieu scolaire. Ses terrains, québécois et français, l'ont amenée à questionner différents aspects de l'expérience scolaire des jeunes LGBTQ, incluant les violences homophobes et genrées, leur représentation dans les manuels scolaires et les contenus en matière d'éducation à la sexualité.

Elle a écrit *Hétéro, l'école ? Plaidoyer pour une éducation antioppressive à la sexualité*, publié en 2019 aux Éditions du remue-ménage.

1/ Dans ton livre, tu écris « C'est souvent à l'école que les personnes LGBTQI+ apprennent leur anormalité. Pourquoi ? Parce qu'on la leur enseigne. » Comment l'institution scolaire enseigne-t-elle une vision binaire et hétéronormative ?

L'école n'est pas neutre. La sociologie de l'éducation documente depuis des décennies la manière dont l'école favorise certains élèves au détriment d'autres, mais cela a surtout été pensé en matière de classe sociale. Dans mes travaux, j'essaye de mettre au jour les messages normatifs concernant le genre et les sexualités que l'école envoie aux élèves, par-delà des discours officiels d'égalité filles-garçons et de lutte aux LGBTphobies.

Par exemple, il reste encore beaucoup de chemin à parcourir pour avoir des enseignements véritablement inclusifs sur le plan de l'orientation sexuelle et de l'identité de genre. Et quand on creuse un peu plus, on se rend rapidement compte que les espaces scolaires (cour de récréation, vestiaires, toilettes), les dynamiques entre élèves, les interactions entre jeunes et adultes, tout converge vers l'enseignement d'une poignée de leçons : les filles et les garçons sont plus différents que similaires ; il existe de *bonnes* et de *mauvaises* façons d'être une fille et d'être un garçon ; et l'hétérosexualité est attendue, voire souhaitée.

2/ Tu parles beaucoup de la nécessité de se sentir représenté·e et tu cites notamment Adrienne Rich : « Quand quelqu'un avec l'autorité d'un enseignant décrit le monde et vous ne vous y retrouvez pas, il y a un moment de déséquilibre psychique, comme si vous vous regardiez dans le miroir sans vous y voir. » Peux-tu expliquer pourquoi tu as choisi ces mots pour décrire le rapport des jeunes LGBTQI+ à l'école ?

Je trouve forte l'image du miroir dans lequel on ne se voit pas. Avec les années, j'ai eu la chance de m'entretenir avec plusieurs centaines de jeunes LGBTQ. Malgré la grande diversité de leurs parcours, ce qui me frappe comme point commun entre elleux, c'est la légitimité recherchée dans les yeux des adultes qui les entourent, et le sentiment de vide qui les habite lorsqu'iels ne parviennent pas à sentir que les adultes leur accordent l'importance et la crédibilité qu'iels méritent.

3/ Selon toi, en quoi la binarité de genre véhiculée par l'école contribue-t-elle aux violences scolaires en général et au sexisme en particulier ?

Elle a tout à y voir. C'est bien là le principal paradoxe de l'école : elle alimente d'un côté les dynamiques de violences qu'elle tente ensuite d'enrayer de l'autre.

4/ Le point de départ de ton livre est l'étude des cours d'éducation sexuelle dispensés dans les écoles française et québécoise. Peux-tu expliquer en quoi cette éducation est normative ?

Tout simplement parce que les programmes d'éducation à la sexualité ne sont pas conçus sur la base de ce que les jeunes veulent savoir, mais plutôt à partir des préoccupations, des souhaits et des projections des adultes. Sauf exception, la démarche n'est pas d'ouvrir le spectre des possibles en matière de genre et de sexualité, mais d'éduquer les jeunes à une *bonne* sexualité – qui ne débute ni trop tôt, ni trop tard, qui n'accumule pas les conquêtes, qui met en jeu un·e partenaire à la fois envers qui on aurait nécessairement des sentiments, etc.

5/ Selon toi, existe-t-il une marge de manœuvre pour les enseignant·e·s, au sein de l'institution scolaire française, pour véhiculer une vision non binaire du genre ?

Je crois que cette marge de manœuvre est réduite, mais qu'elle existe. D'ailleurs, plusieurs enseignant·e·s procèdent de manière à déconstruire la binarité du genre et à rendre visibles les rapports de pouvoir. Je pense notamment à certains membres du collectif Queer Education. Mais cette démarche s'inscrit en porte-à-faux, voire est antagonisée par les autorités éducatives françaises actuelles, qui persistent à vouloir parler universalisme et neutralité de l'école. Il y a encore un long chemin à parcourir.

« Pour comprendre le racisme institutionnel, il faut commencer par comprendre l'histoire de l'école. »

Entretien avec Prisca Ratovonasy

Prisca Ratovonasy, née en 1982 à Madagascar, est consultante diversité, équité et inclusion. Elle est productrice et cocréatrice du podcast *Les Enfants du bruit et de l'odeur*, dans lequel elle aborde avec ses invité·e·s les problématiques liées au racisme et aux discriminations que parents, enfants, adolescent·e·s et jeunes adultes vivent de la maternelle aux bancs des grandes écoles. Prisca Ratovonasy est aussi présidente d'une librairie en ligne qui propose des ouvrages inclusifs.

1/ Afin de dénoncer la persistance du racisme en France, tu as coproduit un podcast sur l'école. Pourrais-tu expliquer ce qui a motivé ton choix ?

C'est d'abord lié à mes enfants. À l'école, ma fille a vécu du harcèlement raciste par le biais de remarques stigmatisantes et insultantes sur ses cheveux, sa peau. Si cela venait d'abord des élèves, les adultes encadrant·e·s minimisaient les insultes et leurs répercussions, voire excusaient ou validaient le comportement des agresseur·se·s en faisant passer l'agression pour un trait d'humour. Plus tard, c'est même l'une des enseignantes de ma fille qui a tenu des propos racistes à son encontre, provoquant chez elle une phobie scolaire préjudiciable à ses résultats et à son bien-être. Suite à cela, j'ai décidé de ne rien laisser passer. En plus de la présence à l'école, le podcast était pour moi une manière de montrer à ma fille qu'on pouvait riposter et reprendre la parole.

Le cas de ma fille n'est pas isolé. En discutant avec d'autres parents et en revenant sur ma propre histoire, je me suis aperçue que le racisme touchait la grande majorité des enfants racialisé·e·s à l'école, que c'était toujours les mêmes mots et comportements qui revenaient et que, entre les années 1990, quand j'étais à l'école, et aujourd'hui, rien n'avait changé. C'est donc tout un système qui est en cause et qui explique ces dynamiques racistes récurrentes, telles que la désenfantisation des enfants racialisé·e·s, la minimisation des actes racistes, la non-prise en compte de la parole, l'orientation vers des filières professionnelles dévalorisées.

2/ Trouves-tu que la lutte contre les discriminations racistes est suffisamment visible au sein de l'Éducation nationale ?

Absolument pas. D'ailleurs, le racisme est souvent traité sous un angle problématique. Quand on insiste sur des phrases comme « l'autre est différent », par exemple, on ne fait que reproduire la centralité du regard blanc. Il faudrait au contraire commencer par expliquer l'histoire du racisme, l'histoire des insultes récurrentes, leur ancrage historique, et ensuite rappeler que le racisme, ce n'est pas une opinion ou de l'humour, c'est interdit par la loi. Cela implique également de s'interroger sur ce que l'on montre et fait lire aux jeunes à l'école, et de discuter clairement du racisme que l'on trouve dans les textes.

3/ Comment expliques-tu le fait que le combat antiraciste soit si peu, ou mal, représenté à l'école ?

Là aussi, c'est lié à l'histoire de l'école comme institution. Pour comprendre le racisme institutionnel, il faut commencer par comprendre l'histoire de l'école et de la société dans son ensemble. Le racisme est un problème structurel, historiquement et socialement construit : il ne s'agit donc pas que des volontés individuelles de la part des acteur·ice·s de l'école, mais de préjugés et de dynamiques qu'iels ont intégrés, dont iels ont hérité, mais qui ne sont pas déconstruits.

4/ Dans le podcast, vous expliquez que la parentalité des personnes racisées est constamment mise en question, non seulement par la société, mais aussi par l'institution scolaire. Pourrais-tu nous en dire plus, sur les gestes, les paroles qui reviennent ?

Déjà, il faut prendre conscience qu'il s'agit d'un problème historique. Dans l'imaginaire collectif, la femme noire ou la femme racialisée serait une bonne nounou ou aide-ménagère, mais elle serait incapable de s'occuper de ses propres enfants, car elle n'aurait pas d'amour. Et cela est lié à la bestialisation des personnes racisé·e·s, que l'on dépossède de tout sentiment ou émotion, à l'exception de la colère. Par conséquent, nous sommes perçu·e·s comme étant à même de nous occuper des enfants des autres, mais quand il s'agit des nôtres, il y a toujours une suspicion, du mépris, des préjugés.

5/ Selon toi, quelles pistes d'action privilégier pour faire de l'école une institution résolument antiraciste ?

La première chose serait de réaliser un état des lieux de la situation réelle, une étude sur le sujet. Ensuite, mettre en place des actions telles que :

- La formation des enseignant·e·s durant leur cursus scolaire.
- Des référent·e·s dans les établissements scolaires.
- Des numéros spéciaux permettant de récolter la parole des enfants et familles victimes de racisme à l'école.
- La possibilité de faire un signalement des établissements ayant plusieurs faits de racisme à l'encontre des élèves et des familles. On pourrait ensuite imaginer une inspection après plusieurs signalements.

Dans tous les cas, il s'agit de se donner des moyens pour lutter contre le racisme en milieu scolaire, dans le cadre de la protection de l'enfant, et pour cela, il est essentiel d'écouter la parole des personnes victimes de racisme.

Postface de Louise Giovannangeli

Avril 2014, dans un petit café non loin de la Scuola Normale Superiore de Pise, sous le soleil toscan, je fais la rencontre de Yuna. Cette grande brune aux lèvres rouges a un sourire qui invite à la douceur et à la confiance. Nous sommes toutes les deux étudiantes à l'ENS, prestigieuse école supérieure s'il en est. Elle est à Lyon, moi rue d'Ulm à Paris ; elle est agrégée, je termine mon master d'études italiennes en vue de débuter une thèse, que je ne ferai finalement jamais, ayant compris que si les bourses doctorales sont rares, les postes pérennes de maître·sse de conférences le sont encore plus, à la sortie. La casse du système public ne date en effet pas d'hier. Quoi qu'il en soit, Yuna et moi sommes donc « l'élite de la nation », comme dirait l'autre – et par l'autre, j'entends le proviseur d'un grand lycée parisien où j'ai passé dix ans de ma vie, ainsi que ses équipes, qui le serinaient à qui voulait bien l'entendre –, discours de rentrée, remise des diplômes, veille d'examens ou de concours…

Loin de moi l'idée de vouloir cracher dans la soupe : je mesure la chance que j'ai eue de recevoir une éducation d'une qualité incontestable – les professeur·e·s étaient, elleux aussi, trié·e·s sur le volet parmi les meilleur·e·s du pays, ce qui ne les rendait pas pour autant tou·te·s de bon·ne·s pédagogues, mais ça, c'est une autre histoire. C'est là que j'ai acquis une rigueur et une méthode de travail qui m'aident encore aujourd'hui, et qui ont pu faire de moi, de nous tou·te·s, des « machines de guerre ». Des « bêtes de concours ». Ce qui n'a d'ailleurs pas été sans une certaine violence : il faut être le·la meilleure tout le temps, accepter des humiliations publiques de la part des professeur·e·s qui n'ont d'autre choix que de jouer le jeu d'un système ultra-compétitif, tout faire pour obtenir le saint Graal à savoir les félicitations, chaque trimestre… Tout cela pour pouvoir passer d'abord dans le meilleur lycée, puis la meilleure prépa, puis la meilleure école.

Par ailleurs, si j'ai eu cette « chance » de recevoir une telle éducation, c'est parce que je suis privilégiée. Je suis en effet issue d'une famille blanche, de la classe moyenne – certes pas aisée, mais une famille d'intellectuel·le·s –, qui connaissait les codes, qui a su me les inculquer. Et quand je me retourne, aujourd'hui, sur mes années d'études, je réalise qu'il m'aura fallu attendre d'être au lycée pour avoir quelques camarades boursier·ère·s. Ce n'est qu'en classe préparatoire que j'ai découvert que deux copains mecs étaient en couple, et qu'une camarade passait ses samedis soir dans des bars lesbiens. La tolérance était certes là, mais la chose n'en paraissait pas moins « exotique ». C'est enfin à l'ENS que j'ai eu pour la première fois des camarades racisé·e·s. Et cela n'est pas normal. Cet élitisme à la française, il n'est là que pour reproduire par-ci par-là, et prioritairement dans les milieux déjà favorisés depuis des décennies, des siècles, des mécanismes de domination et de privilèges qu'il est urgent de déconstruire. Non pas pour niveler « par le bas » – c'est ce contre quoi se sont insurgés plusieurs ministres de l'Éducation nationale, le dernier en date étant Jean-Michel Blanquer, alors qu'au contraire ce sont eux qui œuvrent à casser le système scolaire public en le gérant comme une entreprise. Au contraire. Mais pour permettre à tou·te·s d'avoir le droit à une éducation décente.

Et puis, cette éducation est devenue pour moi une sorte de carte de visite sans même que je ne m'en rende compte. Sertie de l'aura du simple nom de mon lycée, auquel viendra s'adjoindre le qualificatif de « normalienne », comme si cela était devenu mon essence (« Ah, vous êtes normalienne ? » « Euh, non, moi c'est Louise, enchantée… »), je me suis vu ouvrir quelques portes, notamment dans le milieu de la culture – l'édition en première ligne. Et puis, quand on me demandait de parler de mes brillantes études, des étoiles dans les yeux, il n'était pas question que je raconte l'envers du décor ; le sexisme constant que nous subissions, mes camarades filles et moi-même, de la part de garçons issus de classes sociales clairement dominantes et qui nous le faisaient savoir. Les agressions psychiques et physiques dont certain·e·s étaient victimes, et face auxquelles tout le monde, corps enseignant compris, détournait le regard. Je me souviens avoir été l'unique objet des brimades d'un camarade qui avait toujours évolué dans les hautes sphères d'un monde qui n'est pas et qui ne sera jamais le mien, et donc qui a toujours pensé que tout lui était dû. Qu'il pourrait toujours agir dans l'impunité totale. Eh bien, après des semaines de harcèlement, je suis allée m'en plaindre à ma professeure d'histoire, sympathique qui n'avait pas sa langue dans sa poche, toujours là à parler de révolution et de justice sociale. Tout ce qu'elle put me répondre fut : « Mais tu sais, Louise, ses parents divorcent, ce n'est pas un méchant bougre au fond, il est juste triste, c'est tout. » J'ai compris que cette impunité dont il jouissait – et il n'était pas le seul – était bel et bien réelle. Mais aussi, ce jour-là, quand j'ai vu la mine contrite de Madame C., peinée de ne pouvoir m'aider plus, j'ai été très en colère. Pas contre elle, bien sûr, mais contre le système qui muselait celles et ceux qui auraient dû me défendre. Quelques années plus tard, ce garçon devenu un jeune homme m'a affublée d'un sobriquet ultra-sexiste que je vous épargnerai, tous les jours, devant les professeur·e·s de prépa, devant les copain·ine·s, tout le temps. Au point que j'ai décidé de porter des pulls trop grands, pour que n'apparaisse plus trop ma poitrine. Un jour, alors qu'il essayait avec acharnement en cours de philosophie de me toucher les seins, j'ai perdu patience et me suis levée pour changer de place. À la fin, la professeure m'a convoquée, m'intimant de « tâcher de ne plus dissiper mon camarade ». Aujourd'hui, une ancienne connaissance m'a appris que cet homme est accusé de viol, et il n'est pas impossible que celui-ci bénéficie de la présomption d'innocence si chère à notre bon vieux système patriarcal. Que se serait-il passé, pour ce garçon, si l'école avait joué son rôle ? Si l'école avait protégé les victimes ?

Finalement, à quelques années d'écart et dans des lieux différents, Yuna et moi avons vécu des réalités très similaires. Nous avons été aux prises avec les mêmes idéologies, souvent plus dévastatrices qu'émancipatrices. Ce qui laisse à penser que, si cela est particulièrement l'apanage de certains lycées qui se revendiquent élitistes, ceux-ci n'ont pas le monopole de la course à l'excellence, du « c'était mieux avant », de l'anti-wokisme, et j'en passe. Sûrement car tout cela est en fait structurel. Et c'est d'ailleurs une conversation que nous avions eue avec Yuna, timidement, à Pise, sur une petite terrasse de la place Vettovaglie, alors que nous n'étions encore que deux étudiantes pas vraiment politisées. Déjà, nous avions pris conscience, en discutant ensemble, que quelque chose ne tournait quand même pas rond.

Huit ans plus tard, presque jour pour jour, Yuna vient de terminer l'écriture de son premier essai. J'aimerais même dire de son premier manifeste, car maintenant que vous l'avez lu, vous serez d'accord avec moi pour dire qu'elle dynamite le système scolaire et son excellence « à la française » avec autant de verve que d'humour, autant de réflexion profonde que de colère. Mais je ne le dirai pas, car je sais à quel point Yuna est pudique, elle ne voudrait pas se mettre en avant comme « la penseuse d'une école nouvelle » : car cette école nouvelle, c'est tou·te·s ensemble qu'il faut la penser. La créer. La faire exister et durer. Yuna, elle pousse la porte de l'espoir, et en montrant les limites du système tel qu'il est, dans toute la pluralité des oppressions qu'il véhicule et qu'il s'attache bien méticuleusement à perpétuer, elle nous montre, sans dogmatisme aucun, et en ouvrant simplement le champ des possibles, ce que pourrait être l'école de demain.

Alors, pour tout cela, merci Yuna ; merci pour ton travail acharné qui permet à ce livre d'exister, merci de m'avoir laissée t'accompagner dans cette merveilleuse aventure, merci de m'avoir fait confiance pour écrire ta postface, et surtout, merci de nous montrer qu'une autre école est possible. Grâce à toi, cette autre école, on ne fera pas qu'en rêver.

Longue vie à ton livre !

Remerciements

Merci à Oury de m'avoir permis de rencontrer Louise, lors de cette belle soirée de printemps à Pise. Si j'avais su à l'époque ce que Louise deviendrait pour moi ! Une amie merveilleuse, une agente à laquelle je dois ce que j'écris. Elle m'a aidée à trouver l'idée de ce livre, à le composer, jour après jour ; elle est toujours là, avec son intelligence joyeuse, et sa joie de vivre intelligente, exigeante, rassurante, confiante. Elle me pousse toujours à faire mieux, à aller plus loin, à trouver ma voix. Je n'ai qu'une hâte : continuer d'écrire avec toi. Merci Louise, tout ça, c'est grâce à toi.

Merci à Mathilde, mon éditrice, de l'immense confiance qu'elle m'a accordée en me permettant d'écrire ce livre. Merci pour sa gentillesse, sa compréhension, ses idées. Je suis vraiment très heureuse de travailler avec toi.

Merci à toute l'équipe des éditions Leduc.

Merci à ma sœur de m'avoir laissée raconter son histoire. Merci à Coralie et à Fanny, pour leur participation. Merci à Gabrielle Richard d'avoir pris le temps de répondre à mes questions, et de tout ce qu'elle écrit. Merci à Charlotte Puiseux pour le temps qu'elle m'a accordé. Merci à Prisca Ratovonasy pour l'entretien fait ensemble. Ses mots restent gravés dans mon esprit.

Merci à tou·te·s les auteur·rice·s qui ont changé mon monde : sans vous, tant de choses resteraient pour moi invisibles. Merci aussi aux libraires qui ont accepté de me voir traîner si longtemps devant les rayonnages d'essais.

Merci à toutes les personnes qui rentrent de près ou de loin dans la composition de ce livre.

Merci à ma mère pour tout – et en particulier, de m'avoir montré le pouvoir de l'écriture, de m'avoir appris à m'estimer.

Mes enfants, vous êtes la terre dans laquelle je puise l'énergie et le désir d'écrire. C'est pour vous que je le fais. Merci d'être vous.

Hugo, tu viens à la fin, mais pour moi, tu es le début. Je pense aux débats enfiévrés dans l'appartement qui est devenu notre première maison, à nos discussions pour toujours quotidiennes, à nos évolutions intellectuelles, à nos imaginaires partagés. J'aime tellement changer et découvrir le monde avec toi, à tes cotés. Ta générosité, ton intelligence, et ton sens radical de la justice sont la nourriture première de ma pensée (sans parler de ta cuisine, de tes orties et de tes cafés). Tu me nourris, dans tous les sens du terme. Tu es mon meilleur ami, mon amour.

Cet ouvrage est composé de matériaux issus de forêts bien gérées certifiées FSC®, de matériaux recyclés et de matériaux issus d'autres sources contrôlées.

Le Forest Stewardship Council® est une organisation internationale non gouvernementale qui encourage une gestion écologiquement adaptée, socialement bénéfique et économiquement viable des forêts de la planète. Pour en savoir plus, consultez le site *www.fsc.org*

FSC
www.fsc.org
MIXTE
Papier issu de sources responsables
FSC® C007507

Achevé d'imprimer en juin 2022
par Graphycems
Dépôt légal : août 2022
Imprimé en Espagne